문제 해결력을 키우는 디자인 씽킹

이정현, 송태란 지음

지은이 **이정현** ayounglee1126@gmail.com

한양대학교 대학원에서 디자인학 석사·박사 학위를 받았으며, 한양대학교 ERICA 사회교육원 주임교수를 역임하고 경기대학교, 한세대학교, 인덕대학교 등에도 출강했다. 현재 (주)포비즈1의 연구원으로 재직하면서 브랜드 기획 및 개발과 창의 교육 연구 업무를 병행하고 있다. 또한 남서울대학교, 안산대학교 등에서 시각 디자인, 멀티미디어 디자인, 사용자 중심 디자인 관련 강의를 하고 있으며, 대학의 창의적 아이디어 발상법 교육에 대한 실험 연구를 진행 중이다. 한국생산성본부의 GTQ그래픽기술자격 출제위원, 디자인 관련 자문위원, (사)한국브랜드디자인학회 기획분과 이사를 맡고 있으며 (사)KSDC, (사)CDAK에서 다수의 국내외 전시 및 논문 활동을 하고 있다.

지은이 **송태란** taeransong@naver.com

한양대학교 대학원에서 디자인학 석사·박사 학위를 받았으며, 백석문화대학교 디자인학부 겸임교수를 역임하고 한국폴리텍대학 서울 정수캠퍼스, 남서울대학교, 상지대학교 등에도 출강했다. 현재 교육 전문 기업인 (주)피디엠(PDM Inc.)의 교육기획실에서 창의력 관련 프로젝트를 수행하고 있으며, 현업과 강의를 병행하면서 창의성 교육을 연구 중이다. 또한 다양한 창의성 교육 및 디자인 R&D 관련 프로젝트를 수행했으며, 백석문화대학교 NCS(국가직무능력표준) 교육과정 개발위원, Blue Award 국제디자인 공모전·Red Award 국제디자인 공모전·SOKI 공모전·CJ 국제디자인 공모전·정관장 국제디자인 공모전·한국디자인트렌드대전·대학창의발명대회 심사위원, (사)한국브랜드디자인학회 학술논문분과 이사 및 편집위원으로 활동하고 있다.

문제 해결력을 키우는 디자인 씽킹

초판발행 2019년 9월 10일

2쇄발행 2021년 3월 20일

지은이 이정현, 송태란 / **펴낸이** 전태호
펴낸곳 한빛아카데미(주) / **주소** 서울시 서대문구 연희로2길 62 한빛아카데미(주) 2층
전화 02-336-7112 / **팩스** 02-336-7199
등록 2013년 1월 14일 제25100-2017-000063호 / **ISBN** 979-11-5664-458-3 93000

책임편집 변소현 / **기획** 강은희 / **편집** 박민정 / **진행** 강은희
디자인 김연정 / **전산편집** 김미현 / **제작** 박성우, 김정우
영업 이윤형, 길진철, 김태진, 김성삼, 이정훈, 임현기, 이성훈, 김주성 / **영업기획** 김호철, 주희

이 책에 대한 의견이나 오탈자 및 잘못된 내용에 대한 수정 정보는 아래 홈페이지나 이메일로 알려주십시오.
잘못된 책은 구입하신 서점에서 교환해 드립니다. 책값은 뒤표지에 표시되어 있습니다.
홈페이지 www.hanbit.co.kr / **이메일** question@hanbit.co.kr

지금 하지 않으면 할 수 없는 일이 있습니다.
책으로 펴내고 싶은 아이디어나 원고를 메일(writer@hanbit.co.kr)로 보내주세요.
한빛아카데미(주)는 여러분의 소중한 경험과 지식을 기다리고 있습니다.

문제 해결력을 키우는 키우는 디자인 씽킹

이정현, 송태란 지음

IB 한빛아카데미
Hanbit Academy, Inc.

4차 산업혁명,
지금은 창의 융합적 사고의 시대!

시대에 따라 사회적 패러다임이 변화하고 필요한 인재상과 핵심 역량도 달라집니다. 4차 산업혁명 시대가 도래한 오늘날의 인재상은 다음과 같습니다.

- **혁신형 인재**: 생각을 넘어 상상력으로 독특한 해결책을 만들어낼 수 있는 인재
- **비판적 사고형 인재**: 합리적·논리적으로 문제에 접근하여 비판적 사고의 관점으로 자신의 논리를 펼칠 수 있는 인재
- **창의 융합형 인재**: 창의적 사고, 여러 가지로 확장된 사고, 한 가지로 정리된 사고를 융합할 수 있는 인재
- **협업형 인재**: 개인이나 집단의 문제 해결력을 키워주고 조절함으로써 문제 해결 과정에서 중재 및 조정 역할을 할 수 있는 인재

4차 산업혁명 시대의 인재는 복잡한 문제를 인식하고 해결할 수 있는 능력을 갖추어야 하며, 이를 위해서는 다양한 분야의 지식과 경험을 통해 융복합하는 사고의 훈련이 필요합니다. 이처럼 생각이 한쪽으로 치우치지 않고 융합적으로 접근하는 사고가 바로 디자인적 사고, 즉 디자인 씽킹design thinking입니다.

오늘날 디자인 씽킹은 디자인 전공자뿐만 아니라 창의적인 사고가 필요한 모든 사람에게 중요한 역량입니다. 디자인 씽킹은 문제를 정확히 인식하고 해결하기 위해 디자인 요소를 활용하는 창의적인 사고방식입니다. 디자인은 단순한 미적 표현을 넘어 디자인 씽킹이라는 사고방식으로 주목받고 있으며, 경영·교육·공학·사회·예술 등 다양한 분야에 광범위하게 적용되는 추세입니다. 현재 대학에서도 창의력, 디자인 씽킹, 문제 해결력 관련 강의가 늘어나고 있습니다. 이에 필자는 문제 해결력을 키우는 학습이 필요하다고 생각하여 창의적 아이디어를 얻는

데 도움이 되는 아이디어 발상법을 다루는 책을 집필하게 되었습니다.

현직 디자인학과 교수인 필자는 지금까지 강의해온 내용을 바탕으로 디자인 씽킹 기반의 융합적 사고 기법을 개발했습니다. 그리고 대학생과 일반인에게 이를 적용해보고 찾아낸 최적의 창의적 아이디어 발상법과 노하우를 이 책에 담았습니다. 이 책에서는 문제를 발견하는 데 필요한 확산적 사고 기법 및 확장된 사고를 논리적으로 분석하고 한 가지로 정리하는 수렴적 사고 기법을 살펴봅니다. 그리고 기존의 아이디어 발상법인 마인드맵을 중심으로 확산적 사고 기법과 수렴적 사고 기법을 융합한 새로운 발상법을 익히면서 실습 과제를 통해 창의적 아이디어를 이끌어내는 연습을 할 수 있습니다. 이 책으로 디자인 씽킹을 훈련한다면 자신만의 창의적 아이디어 발상 툴을 만들 수 있을 것입니다.

이 책은 교육 현장에서 창의력, 문제 해결력과 관련된 교과목의 교재로 활용할 수 있습니다. 또한 혼자 공부하는 학생의 경우 4차 산업혁명 시대에 걸맞은 창의적 인재가 되기 위한 방법론을 습득하는 데 도움이 될 것입니다. 이 책에서 제안한 사고 기법을 바탕으로 자신이 속한 분야에서 최고의 역량을 펼쳐나가길 바랍니다.

저자 **이정현, 송태란**

누구를 위한 책인가

· 창의적 사고, 문제 해결력, 디자인 씽킹, 아이디어 발상 기법 등을 배우는 관련 학과 학생
· 디자인 씽킹의 이해와 실습을 통해 아이디어 표현 방법을 학습하려는 독자
· 각종 아이디어 공모전 및 대학창의발명대회를 준비 중인 독자

강의 보조 자료

한빛아카데미 홈페이지에서 '교수회원'으로 가입하신 분은 인증 후 교수용 강의 보조 자료를 제공받을 수
있습니다. 한빛아카데미 홈페이지 상단의 〈교수전용공간〉 메뉴를 클릭하세요.

http://www.hanbit.co.kr/academy

실습 과제 해답

이 책은 대학 강의용으로 개발되었으므로 실습 과제 해답을 제공하지 않습니다.

본문 구성

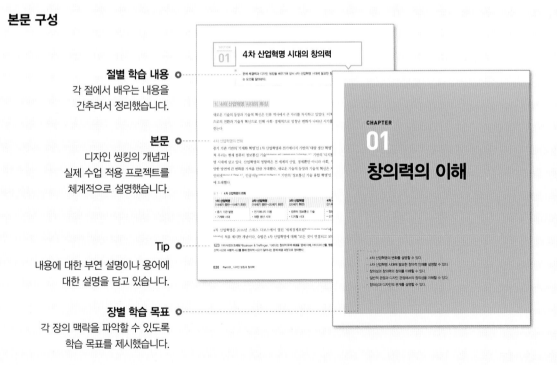

절별 학습 내용
각 절에서 배우는 내용을
간추려서 정리했습니다.

본문
디자인 씽킹의 개념과
실제 수업 적용 프로젝트를
체계적으로 설명했습니다.

Tip
내용에 대한 부연 설명이나 용어에
대한 설명을 담고 있습니다.

장별 학습 목표
각 장의 맥락을 파악할 수 있도록
학습 목표를 제시했습니다.

무엇을 다루는가

- **1장 창의력의 이해:** 4차 산업혁명 시대에 필요한 창의적 인재가 갖추어야 할 요건을 살펴보고, 창의성과 창의력의 개념 및 일반적 관점과 디자인 관점에서의 창의성을 비교하여 이해합니다.

- **2장 디자인 씽킹과 창의적 문제 해결:** 디자인 씽킹의 개념을 이해하고 디자인 씽킹에서의 창의적 문제 해결 과정을 살펴봅니다.

- **3장 디자인 씽킹 프로세스:** 디자인 씽킹의 5단계 프로세스(공감-정의-창의적 아이디어 발상-창의적 아이디어 표현-아이디어 발표 및 마무리)를 이해합니다.

- **4장 확산적 사고 기법과 수렴적 사고 기법:** 창의적 아이디어 발상의 요건을 살펴보고, 확산적 사고 기법과 수렴적 사고 기법을 파악한 후 연습합니다.

- **5장 융합적 사고 기법:** 융합적 사고의 개념을 이해하고 융합적 사고 기법의 종류를 파악한 후 연습합니다.

- **6장 창의적 아이디어 표현의 구성 요소와 예:** 창의적 아이디어 표현의 예를 통해 구성 요소의 특징을 이해합니다.

- **7장 창의적 아이디어 표현 도구:** 창의적 아이디어 표현 도구의 종류와 특징을 이해하고, 창의적 아이디어 표현에 사용하는 이미지 소스와 서체를 살펴봅니다.

- **8장 창의적 아이디어 표현 프로젝트 I:** 디자인 씽킹 프로세스와 융합적 사고 기법을 적용하여 재활용 홍보 인포그래픽을 제작합니다.

- **9장 창의적 아이디어 표현 프로젝트 II:** 디자인 씽킹 프로세스와 융합적 사고 기법을 적용하여 공모전에 출품하기 위한 창의적 아이디어 결과물을 제작합니다.

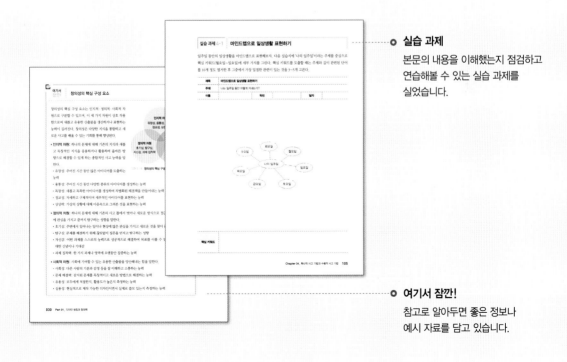

◦ 실습 과제

본문의 내용을 이해했는지 점검하고 연습해볼 수 있는 실습 과제를 실었습니다.

◦ 여기서 잠깐!

참고로 알아두면 좋은 정보나 예시 자료를 담고 있습니다.

CHAPTER 03   디자인 씽킹 프로세스

CHAPTER 08 창의적 아이디어 표현 프로젝트 I: 재활용 홍보 인포그래픽

CHAPTER 09 창의적 아이디어 표현 프로젝트 II: 공모전 준비하기

디자인 씽킹과
창의력

01

창의력의 이해

학습 목표

- 4차 산업혁명의 변화를 설명할 수 있다.
- 4차 산업혁명 시대에 필요한 창의적 인재를 설명할 수 있다.
- 창의성과 창의력의 정의를 이해할 수 있다.
- 일반적 관점과 디자인 관점에서의 창의성을 이해할 수 있다.
- 창의성과 디자인의 관계를 설명할 수 있다.

4차 산업혁명 시대의 창의력

문제 해결력과 디자인 씽킹을 배우기에 앞서 4차 산업혁명 시대에 필요한 창의적 인재가 갖추어야 하는 요건을 알아본다.

1. 4차 산업혁명 시대의 특징

새로운 기술의 등장과 기술적 혁신은 인류 역사에서 큰 자리를 차지하고 있었다. 이처럼 새로운 제조 공정으로의 전환과 기술적 혁신으로 인해 사회·경제적으로 엄청난 변화가 나타난 시기를 '산업혁명'이라고 일컫는다.

4차 산업혁명의 변화

증기 기관 기반의 '기계화 혁명'인 1차 산업혁명과 전기에너지 기반의 '대량 생산 혁명'인 2차 산업혁명을 거쳐 우리는 현재 컴퓨터 정보통신 기술Information and Communication Technology, ICT 기반의 '디지털 혁명'인 3차 산업혁명 시대에 살고 있다. 산업혁명의 영향력은 전 세계의 산업, 경제뿐만 아니라 사회, 정치, 문화 등 삶의 다양한 방면에 큰 변화를 가져올 만큼 거대했다. 새로운 기술의 등장과 기술적 혁신은 계속 진행 중이며 사물인터넷Internet of Things, IoT, 인공지능Artificial Intelligence, AI 기반의 '정보통신 기술 융합 혁명'인 4차 산업혁명이 눈앞에 도래했다.

표 1-1 **4차 산업혁명의 변화**

1차 산업혁명 (18세기 중반~19세기 초반)	2차 산업혁명 (19세기 중반~20세기 초반)	3차 산업혁명 (20세기 후반)	4차 산업혁명 (21세기 초반)
• 증기 기관 발명 • 기계화 시대	• 전기에너지 이용 • 대량 생산 시대	• 컴퓨터 정보통신 기술 • 디지털 시대	• 정보통신 기술 융합 • 신기술 융합 시대

4차 산업혁명은 2016년 스위스 다보스에서 열린 '세계경제포럼World Economic Forum'에서 클라우스 슈밥Klaus Schwab이 처음 제시한 개념이다. 슈밥은 4차 산업혁명에 대해 "모든 것이 연결되고 보다 지능적인 사회로의 진화"라고 설명했다. 3차 산업혁명은 사람이 데이터를 인지하고 컴퓨터를 보조적으로 사용하여 처리할 수 있는 수준인 디지털 시대였다면, 4차 산업혁명은 인간이 처리할 수 없는 범위의 빅데이터를 수집하고 인공

지능을 이용하여 자동화된 분석·해결이 가능한 신기술 융합 시대이다.

4차 산업혁명은 모든 것이 연결되고 보다 지능적인 사회로의 진화이다.

» 클라우스 슈밥

4차 산업혁명은 컴퓨터 정보통신 기술과 첨단 신기술이 융합되어 '사람+사물+장소'가 인공지능 기반으로 연결된다. 즉 4차 산업혁명은 사물 인터넷, 빅데이터, 가상현실, 인공지능, 3D 프린팅, 스마트카, 드론, 로봇, 바이오 기술, 신재생에너지 등의 첨단 디지털 기술이 상호 작용하여 일어나는 신기술 융합의 대혁명 시대라 할 수 있다.

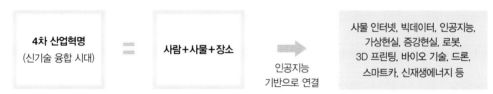

그림 1-1 **4차 산업혁명의 특징**

2. 4차 산업혁명 시대의 창의적 인재

4차 산업혁명 시대의 미래 인재상과 핵심 역량

4차 산업혁명 시대가 도래하면서 우리의 삶이 변화하고 있으며 이에 발맞춰 차별적인 경쟁력을 갖추어야 한다. 인공지능 중심의 4차 산업혁명 시대에 로봇이나 기계는 불가능하고 사람만이 가능한 경쟁력은 창의성에서 비롯된다. 4차 산업혁명 시대에는 창의 융합 인재만이 살아남을 수 있을 것이다.

지능 정보 기술과 정보통신 기술 융합 시대에는 창의성, 사고력, 정보 수집·처리·활용 능력, 문제 해결력의 중요성이 더욱 강조된다. 4차 산업혁명 시대에 필요로 하는 인재는 단편적인 지식과 능력보다는 상호 보완적이고 복합적인 역량을 지녀야 하며, 특히 중요한 능력은 창의력, 소통과 협업 능력, 비판적 사고를 통한 문제 해결력이다.

창의성　　　　사고력　　　정보 수집·처리·활용 능력　　　문제 해결력

그림 1-2 **4차 산업혁명 시대에 필요한 능력**

급변하는 4차 산업혁명 시대에 요구되는 인재상은 어떻게 정의할 수 있을까? 세계적인 미래 학자 중 한 사람인 대니얼 핑크^{Daniel Pink}는 저서 《새로운 미래가 온다》에서 좌뇌가 이끄는 분석적·지식적 사고를 갖춘 인재가 주역이었던 지식 정보 시대에서 한 걸음 더 나아가 창조하고 공감하는 능력이 중요하다고 언급했다. 그는 미래 인재의 조건으로 디자인^{design}, 스토리^{story}, 조화^{symphony}, 공감^{empathy}, 놀이^{play}, 의미^{meaning}를 꼽고, 이러한 조건을 골고루 갖추어야 좌뇌가 이끄는 이성적인 능력을 보완할 수 있다고 했다. 또한 언뜻 관계가 없어 보이는 아이디어를 결합하여 새로운 것을 창조해내는 능력이 필요하며, 미래에는 현재와 다른 새로운 생각을 가진 사람들이 인정받을 것이라고 예견했다.

시대에 따라 사회적 패러다임이 변화하고 이에 따라 그 시대의 인재상과 핵심 역량도 달라진다. 4차 산업혁명 시대의 인재상은 네 가지로 정리할 수 있다. 생각에 그치는 것이 아니라 상상력을 발휘하여 독특한 해결책을 만들어낼 수 있는 '혁신형 인재', 어떤 문제에 대해 주관적·감정적으로 접근하지 않고 합리적·논리적으로 접근하여 비판적 사고의 관점으로 자신의 논리를 펼칠 수 있는 '비판적 사고형 인재', 창의적 사고, 여러 가지로 확장된 사고, 한 가지로 정리된 사고를 융합할 수 있는 '창의 융합형 인재', 개인이나 집단의 문제 해결력을 키워주고 조절함으로써 문제 해결 과정에서 중재 및 조정 역할을 할 수 있는 '협업형 인재'가 그것이다.

표 1-2 **4차 산업혁명 시대의 인재상**

혁신형 인재	비판적 사고형 인재	창의 융합형 인재	협업형 인재
생각을 넘어 상상력으로 독특한 해결책을 만들어낼 수 있는 인재	합리적·논리적으로 문제에 접근하여 비판적 사고의 관점으로 자신의 논리를 펼칠 수 있는 인재	창의적 사고, 여러 가지로 확장된 사고, 한 가지로 정리된 사고를 융합할 수 있는 인재	개인이나 집단의 문제 해결력을 키워주고 조절함으로써 문제 해결 과정에서 중재 및 조정 역할을 할 수 있는 인재

4차 산업혁명 시대에는 창의력, 소통과 협업 능력, 문제 해결력을 두루 갖추어야 한다. 그중에서도 창의력

은 시대가 바뀌어도 변함없이 강력한 필수 역량이다. 창의력을 갖춘 인재가 되기 위해서는 문제점을 발견하기 위해 확장된 사고를 해야 하며, 확장된 사고를 논리적으로 분석하고 한 가지로 정리하여 표현하기 위해 분석적 사고를 해야 한다.

4차 산업혁명 시대의 창의적 기업가

4차 산업혁명을 맞이하는 기업가들이 생각하는 인재상은 어떠할까? 창의성은 추상적인 개념이고 측정하기 어렵기 때문에 경영이나 실제 업무에 적용하기가 쉽지 않다. 하지만 기업이 최고의 자리를 유지하거나 새로운 사업을 시작할 때는 독창적인 것을 창조해내는 창의성이 기업가 정신에 필수적이다.

대다수 전문가들도 미래의 핵심 능력으로 창의성을 꼽고 있다. 명망 높은 미래 학자 제러미 리프킨[Jeremy Rifkin]은 "대부분의 직업이 인공지능으로 대체되는 시대에 인간은 인공지능이 할 수 없는, 지금보다 더 창의적인 일에 몰두해야 한다"고 조언했다.

인간은 인공지능이 할 수 없는, 지금보다 더 창의적인 일에 몰두해야 한다.

» 제러미 리프킨

창의성은 새로운 것을 생각해내는 단순한 성질을 의미한다. 그러나 창의성의 본질은 일반적인 개념처럼 세상에 없던 새로운 것을 만들어내는 것만을 의미하지 않는다. 창의성 하면 떠오르는 스티브 잡스[Steve Jobs]는 "창의성은 사물을 연결하는 것"이라고 했다. 이 말은 기존의 다양한 경험과 지식을 연결하여 하나의 독창적인 결과물을 만들어내는 것이 창의성이라는 의미이다.

그런데 창의성은 선천적으로 가지고 태어나는 것일까? 스티브 잡스는 그렇지 않다고 주장했다. 그는 연결하는 능력과 창의성을 철저한 연습으로 키울 수 있다고 생각했다.

> 스티브 잡스

> 창의성은 사물을 연결하는 것이다.

창의성을 키우기 위한 요건

창의성을 키우기 위해서는 다음과 같은 요건이 충족되어야 한다.

■ 다양한 경험과 지식 등을 연결하는 능력

스티브 잡스가 언급했듯이 창의성은 타고나는 것이 아니라 연습을 통해 다양한 경험과 지식을 연결하는 능력이다. 창의적인 아이디어를 내는 사람에게 어떻게 그런 생각을 했냐고 물어보면 갑자기 아이디어가 떠올랐다고 대답하는 경우가 많다. 이들은 다른 사람들보다 많은 경험을 통해 다양한 시각으로 세상을 바라보고, 어떤 문제를 해결할 때 기존의 경험을 바탕으로 독창적인 아이디어를 생각해낸다.

그림 1-3 **경험과 지식 등을 연결하는 능력**

미국 매사추세츠공과대학^{MIT}은 과학 기술 교육으로 유명하지만 인문, 예술 수업을 강조한다. '위대한 아이디어가 세상을 바꾼다'는 교육 철학에 입각하여 다양한 경험과 지식이 연결될 수 있도록 리버럴 아츠$^{liberal\ arts}$(기초 교양)와 같은 폭넓은 교양 교육에 집중하고 있다. 리버럴 아츠 칼리지는 자유 전공 학과와 과학 교육을 중시하는 학부 중심 대학으로, 학생들은 자신의 전공 이외에 광범위한 주제를 선택하여 공부할 수 있다.

그림 1-4 **리버럴 아츠 칼리지의 토론 수업**

이처럼 대학 교육에서는 교양 수업을 통해 다양한 분야를 경험해보고 사고를 확장할 수 있는 기회를 주어야 한다. 창의성은 특별한 재능이 있거나 머리가 좋은 사람만이 가지고 있는 것이 아니기 때문에 창의성을 발휘하기 위한 준비 단계로 다양한 경험과 지식이 필요하다.

■ 다양한 지식과 경험, 문제, 아이디어를 연결하여 새로운 결과물을 창조해내는 융복합 능력

창의성을 기르려면 다양한 지식과 경험, 문제, 아이디어 등을 연결하여 새로운 결과물을 창조해낼 수 있는 융복합 능력을 갖추어야 한다. 스티브 잡스가 MP3 플레이어, 휴대전화, 전자수첩 등을 하나로 융합하여 스마트폰을 만든 것처럼 말이다. 이렇게 융복합적 사고를 하기 위해서는 다양한 아이디어를 연결해보고 관련이 없는 아이디어를 융합해나가야 한다. 어떤 아이디어를 해당 분야에만 국한해서 적용하는 것이 아니라 더 넓은 분야로 확장하면 독창적인 산출물을 창출할 수 있다.

그림 1-5 **지식, 경험, 문제, 아이디어를 연결하는 융복합 능력**

창의적으로 무언가를 이루어내려면 다양한 분야의 지식과 경험을 통해 문제를 바라보고 해결책을 찾기 위해 융복합하는 사고를 발휘해야 한다. 이처럼 생각이 한쪽으로 치우치지 않고 융합적으로 접근하는 사고가 바로 디자인적 사고, 즉 디자인 씽킹design thinking이다.

기술과 사용자의 경험을 융복합적으로 연결하는 사물 인터넷

사물 인터넷은 사물에 내장된 센서를 통해 인터넷에 연결되어 정보를 주고받는 환경으로, 기술과 사용자의 경험을 접목하는 대표적인 융복합 사례이다. 이러한 예로 LG 유플러스의 홈 CCTV 맘카는 주인이 외출한 동안 집에 혼자 있는 반려동물을 돌보는 사물 인터넷이다. 스마트폰과 집 안의 스위치, CCTV 등이 연결되어 실시간으로 반려동물을 확인하거나 주인의 목소리를 들려줄 수 있다.

또 다른 예로 반려동물을 돌보는 펫시터 로봇 페디Peddy는 집 안을 돌아다니는 이동 CCTV로 온도·습도·데시벨 측정 센서 기능을 갖추고 있으며, 집 안에 문제가 발생했을 때 알려준다. 또한 자동 급식 장치(시간, 먹이량 등 설정 가능)가 내장되어 있어 반려동물에게 사료를 공급하며, 센서를 통해 반려동물과 놀이를 하고 영상 통화도 할 수 있다.

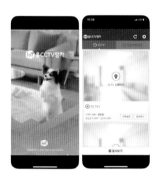 

그림 1-6 **홈 CCTV 맘카와 펫시터 로봇 페디**

창의성과 디자인

창의성과 창의력의 개념을 이해하고 일반적 관점과 디자인 관점에서의 창의성을 비교하여 살펴본다.

1. 창의성과 창의력

4차 산업혁명 시대에 창의성이 얼마나 중요한지는 대부분 잘 알고 있을 것이다. 하지만 "창의성은 무엇인가?", "창의적 사고는 무엇인가?"라는 질문을 받았을 때 곧바로 대답할 수 있는 사람은 많지 않을 것이다. 창의성(創意性)은 새로운 것을 생각해내는 특성을 말하고, 창의력(創意力)은 창의성의 범주에 포함된 창의적인 능력을 말한다. 더 나아가 창의력은 창조적 활동을 포함하고 있는데 이것을 창조력(創造力)이라고 한다. 이 책에서는 창의적인 아이디어를 발상하고 표현하는 능력을 키우는 것에 대해 집중적으로 살펴보기 위해 창의성보다는 창의력에 더 주목할 것이다.

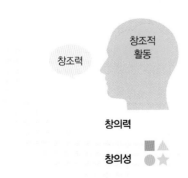

창조력

창조적
활동

창의력

창의성

그림 1-7 **창의성과 창의력**

창의력을 이해하기 위해 창의력과 창조력을 포함하는 넓은 범주의 창의성에 대해 살펴보자. 하나로 정의하기 어려운 창의성은 학문 분야와 연구자에 따라 다르게 정의되어 있다. 여기서는 창의성의 의미를 일반적 관점과 디자인적 관점에서 알아보자.

창의성을 의미하는 영어 'creativity'는 라틴어 'creāre(만들다, 창조하다)'와 그리스어 'krainein(충족하다)'에서 유래했다. 무(無) 또는 기존의 자료나 지식에서 새로운 것을 발견하거나 만들어내는 것을 의미하는 창의성은 상상력, 독창성과 비슷하다고 생각될 수도 있지만 새로운 생각을 통해 유용한 것을 만들어낸다는 점에서 보다 구체적이다.

1950년 미국심리학회American Psychology Association, APA에서 조이 길포드Joy Guilford는 창의성의 중요성에 대해 연설을 했다. 이를 계기로 여러 학자가 창의성을 정의하고 다양한 관점에서 창의성에 대한 연구가 이루어졌다. 학자들은 창의성을 어떻게 정의 내리고 해석하는지 살펴보자.

창의성은 새롭고 신기한 것을 낳는 힘이다.

조이 길포드는 "창의성의 기본이 되는 사고 유형은 확산적 사고이며, 창의성은 새롭고 신기한 것을 낳는 힘"이라고 했다.

» 조이 길포드

알렉스 오스본Alex Osborn은 "창의성이란 넓게 해석하면 인간 모두가 지니고 있는 일반적인 능력이며, 새롭고 독특한 방법으로 일상생활에서 직면한 문제를 해결해나가는 활동"이라고 말했다.

창의성은 새롭고 독특한 방법으로 일상생활에서 직면한 문제를 해결해나가는 활동이다.

» 알렉스 오스본

> 클라우스 우어반

창의성은 어떤 문제로부터 새롭고 독창적인 산출물을 생성해내는 능력이다.

클라우스 우어반[Klaus Urban]은 "어떤 문제로부터 새롭고 독창적인 산출물을 생성해내는 능력"이라고 창의성을 정의했다. 즉 창의성을 문제 해결 과정의 결과인 산출물로 보았다.

이러한 정의를 종합해보면 일반적 관점의 창의성은 새롭고 독특한 아이디어를 생각해내며(독창성), 문제를 해결하기 위해 확산적으로 사고하고 산출물을 만들어가는 것(유창성, 융통성)을 의미한다.

3. 디자인 관점의 창의성

일반적 관점의 창의성과 디자인 관점의 창의성은 새로움과 문제 해결이라는 점이 공통적이지만 표현 방법에는 차이가 있다. 일반적 관점의 창의성은 새롭고 독특한 아이디어를 생각해내며, 문제를 해결하기 위해 폭넓게 사고하고 표현하는 것이다. 일반적인 창의적 사고를 가지고 있는 사람은 풍부한 아이디어를 가지고 있다 하더라도 표현하는 데 어려움이 있기 때문에 일반적인 수준의 산출물을 만들어낸다.

한편 디자인 관점의 창의성은 다양한 표현력이 핵심 요소이며, 여러 가지 아이디어를 다양한 사고방식으로 상호 작용시켜 시각적으로 표현하고 집중적으로 세밀하게 표현하는 것이다. 즉 풍부한 아이디어를 시각적·조형적으로 구체화하고 다양한 산출물을 만들어낼 수 있으므로 창의성을 기르기 위해 아이디어 발상과 표현력을 기르는 것이 매우 중요하다.

표 1-3 일반적 관점의 창의성과 디자인 관점의 창의성

일반적 관점의 창의성	디자인 관점의 창의성
새롭고 독특한 아이디어를 생각해내며, 문제를 해결하기 위해 폭넓게 사고하고 표현하는 것	문제를 해결하기 위해 여러 가지 아이디어를 다양한 사고방식으로 상호 작용시켜 시각적으로 표현하고 집중적으로 세밀하게 표현하는 것

엘리스 토런스[Ellis Torrance]는 세 가지 측면에서 창의성을 다루었다. 창의적 사고 과정에 초점을 두어 연구 수행을 위해 만든 '연구용 정의', 그림으로 창의성을 보여주는 '예술적 정의', 생존하기 어려운 위기 상황에서 생존을 위해 나타나는 창의적인 반응을 다루는 '생존적 정의'가 그것이다.

창의성의 핵심 구성 요소

창의성의 핵심 구성 요소는 인지적·정의적·사회적 차원으로 구분할 수 있으며, 이 세 가지 차원이 상호 작용함으로써 새롭고 유용한 산출물을 생산하거나 표현하는 능력이 길러진다. 창의성은 다양한 지식을 통합하고 새로운 사고를 배울 수 있는 기회를 통해 향상된다.

인지적 차원
유창성, 융통성, 독창성,
정교성, 상상력

정의적 차원
호기심, 탐구심,
자신감, 과제 집착력

사회적 차원
사회성, 문제 해결력,
유용성, 실용성

그림 1-8 **창의성의 핵심 구성 요소**

▪ **인지적 차원:** 하나의 문제에 대해 기존의 지식과 새롭고 독창적인 지식을 응용하거나 활용하여 올바른 방향으로 해결할 수 있게 하는 종합적인 사고 능력을 말한다.

• 유창성: 주어진 시간 동안 많은 아이디어를 도출하는 능력

• 융통성: 주어진 시간 동안 다양한 종류의 아이디어를 생성하는 능력

• 독창성: 새롭고 독특한 아이디어를 생성하여 차별화된 해결책을 만들어내는 능력

• 정교성: 자세하고 구체적이며 세부적인 아이디어를 표현하는 능력

• 상상력: 가상의 상황에 대해 마음속으로 그려본 것을 표현하는 능력

▪ **정의적 차원:** 하나의 문제에 대해 기존의 사고 틀에서 벗어나 새로운 방식으로 접근하거나 새로운 것에 관심을 가지고 끝까지 탐구하는 성향을 말한다.

• 호기심: 주변에서 일어나는 일이나 현상에 많은 관심을 가지고 새로운 것을 찾아 즐기는 성향

• 탐구심: 문제를 해결하기 위해 끊임없이 질문을 던지고 탐구하는 성향

• 자신감: 어떤 과제를 스스로의 능력으로 성공적으로 해결하여 목표를 이룰 수 있다는 자기 자신에 대한 신념이나 기대감

• 과제 집착력: 한 가지 과제나 영역에 오랫동안 집중하는 능력

▪ **사회적 차원:** 사회에 기여할 수 있는 유용한 산출물을 양산해내는 힘을 말한다.

• 사회성: 다른 사람의 기분과 감정 등을 잘 이해하고 소통하는 능력

• 문제 해결력: 감지된 문제를 독창적이고 새로운 방법으로 해결하는 능력

• 유용성: 모두에게 적절한지, 활용도가 높은지 측정하는 능력

• 실용성: 현실적으로 제작 가능한 디자인이면서 실제로 쓸모 있는지 측정하는 능력

이 책에서 다루는 창의적 아이디어 표현과 가장 관련이 있는 것은 예술적 정의로, 토런스는 열린 문을 그린 후 '창의성이란 문 밖으로 나가는 것과 같다'는 식의 비유적인 설명을 했다. 다시 말해 예술적 창의성은 문이 그려진 그림을 보고 '문이 그려져 있네'라는 생각에서 그치는 것이 아니라 '문 밖에서 어떤 일이 일어나고 있을까?', '문을 열고 나가면 어떤 풍경이 펼쳐질까?' 등의 상상으로 한 단계 더 나아가는 것이다.

토런스는 예술적 관점의 창의성에 대해 "다양한 시도를 통해 그중에서 가장 적절한 것을 깊이 있게 파고들어 가치 있는 것을 발견하거나 만드는 것"이라고 했다. 이 말을 창의성의 구성 요소와 관련지어 생각해보면 다양한 것은 '유창성'과, 가장 적절한 것은 '유용성'과, 깊이 있게 파고드는 것은 '정교성'과, 가치 있는 것을 발견하거나 만드는 것은 '실용성', '독창성'과 관계가 있다.

예술적 관점의 창의성이란 다양한 시도를 통해 그중에서 가장 적절한 것을 깊이 있게 파고들어 가치 있는 것을 발견하거나 만드는 것이다.

> 엘리스 토런스

4. 창의성과 디자인의 관계

예술과 디자인은 엄연히 차이가 있다. 예술은 미적 감각을 바탕으로 하고, 디자인은 문제 해결이 유용하게 시각화될 수 있는 모델의 총체를 의미한다. 즉 그림을 잘 그려야만 문제를 해결할 수 있는 것이 아니라, 문제를 잘 정리하여 유용한 목적을 위해 산출물을 표현하는 것이 디자인이라고 이해하면 된다.

가장 효과적으로 창의적 문제 해결력을 키울 수 있는 영역은 디자인이다. 디자인은 예술과 과학의 특징을 복합적으로 지니고 있으며, 이 두 분야의 적절한 융합을 통해 보다 창의적인 산출물을 기대할 수 있기 때문이다. 학문 중에서 예술은 가장 독창적인 것을 요구하는 분야이며, 그중에서도 디자인은 효과적으로 문제 해결력을 향상할 수 있는 분야로서 창의성과 밀접한 관계가 있다.

디자인 관점의 창의성은 이미 존재하는 지식, 경험, 개념, 기술을 새로운 시각에서 재규명하고 상호 간의 결합을 기존과 다르게 하는 능력을 의미한다. 다시 말해 어떤 문제를 해결하기 위해 이미 알고 있는 지식, 경험, 기술 등을 기존과 다른 독창적인 방법으로 재구성하고 연결하여 더욱 효율적으로 활용할 수 있는 차

별적인 해결책을 찾아내고 미적으로 표현하는 능력이다. 즉 디자인 관점의 창의성은 지금까지 아무도 시도하지 않은 새로운 방식의 아이디어 전개 및 표현에 집중하는 능력인 것이다. 이 책에서는 디자인 관점에서 바라본 문제 해결 기반의 창의력을 중심으로 디자인 씽킹을 풀어나갈 것이다.

4차 산업혁명 시대의 창의적 인재 찾기 I

우리는 어떤 미래를 그려야 하는가? 4차 산업혁명 시대에 사라질 직업과 떠오를 직업은 무엇인지, 그리고 그 이유는 무엇인지 작성해보자.

제목	4차 산업혁명 시대의 창의적 인재 찾기 I				
주제	4차 산업혁명 시대에 사라질 직업, 떠오를 직업, 내가 꿈꾸는 직업은?				
이름		학번		일자	
구분	직업		이유		
사라질 직업					
떠오를 직업					
내가 꿈꾸는 직업					

4차 산업혁명 시대의 창의적 인재 찾기 II

4차 산업혁명 시대의 창의적 인재는 자신을 잘 표현하며 자신의 문제점을 극복하고 발전해나가는 열린 사고를 가진 사람이다. 그렇다면 나는 창의적 인재일까? 다음 표에 자신의 성격과 장단점을 작성하면서 자신에 대해 파악하는 시간을 가져보자.

제목	**4차 산업혁명 시대의 창의적 인재 찾기 II**				
주제	나는 창의적인 인재인가? 나의 성격과 장단점 파악하기				
이름		학번		일자	
나의 성격					
나의 장점					
나의 단점					

4차 산업혁명을 대비하여 나의 학습 설계하기

현재 자신이 수강하고 있는 교과목을 살펴보고, 꿈꾸는 나의 직업에 필요한 교과목이 무엇인지 학년별로 작성해보자.

제목	**4차 산업혁명을 대비하여 나의 학습 설계하기**				
주제	내가 꿈꾸는 직업에 필요한 교과목은?				
이름		학번		일자	
내가 꿈꾸는 직업					

내가 꿈꾸는 직업에 필요한 교과목

1학년	2학년

3학년	4학년

핵심 정리

1 4차 산업혁명 시대의 인재상

- **혁신형 인재**: 생각을 넘어 상상력으로 독특한 해결책을 만들어낼 수 있는 인재
- **비판적 사고형 인재**: 합리적·논리적으로 문제에 접근하여 비판적 사고의 관점으로 자신의 논리를 펼칠 수 있는 인재
- **창의 융합형 인재**: 창의적 사고, 여러 가지로 확장된 사고, 한 가지로 정리된 사고를 융합할 수 있는 인재
- **협업형 인재**: 개인이나 집단의 문제 해결력을 키워주고 조절함으로써 문제 해결 과정에서 중재 및 조정 역할을 할 수 있는 인재

2 창의성을 키우기 위한 요건

- 다양한 경험과 지식 등을 연결하여 독창적인 아이디어를 생각해내야 한다.
- 다양한 지식과 경험, 문제, 아이디어를 연결하는 융복합 능력을 갖추어야 한다.

3 창의성과 창의력

- **창의성**: 새로운 것을 생각해내는 특성
- **창의력**: 창의성의 범주에 포함된 창의적인 능력

4 일반적 관점과 디자인 관점의 창의성

- **일반적 관점의 창의성**: 새롭고 독특한 아이디어를 생각해내며, 문제를 해결하기 위해 확산적으로 사고하고 산출물을 만들어가는 것
- **디자인 관점의 창의성**: 여러 가지 아이디어를 다양한 사고방식으로 상호 작용시켜 시각적으로 표현하고 집중적으로 세밀하게 표현하는 것

디자인 씽킹과
창의적 문제 해결

학습 목표

- 디자인 씽킹의 개념을 이해할 수 있다.
- 디자인 씽킹에서 창의적 문제 해결의 중요성을 설명할 수 있다.
- IDEO와 디스쿨의 디자인 씽킹 프로세스를 이해할 수 있다.

디자인 씽킹의 이해

디자인 씽킹의 개념을 이해하고 디자인 씽킹에서의 창의적 문제 해결 요소를 살펴본다.

1. 디자인 씽킹의 등장

최근 디자인 씽킹은 현장 중심의 디자인과 인간 중심의 창의적 문제 해결을 위한 사고 방법론으로 주목을 받고 있으며, 디자인뿐만 아니라 경영, 교육, 공학, 사회, 예술 등 다양한 분야에서 디자인 씽킹을 적용하고 있다. 어떻게 보면 '디자인, 융합, 사용자 중심'이라는 용어는 1919년 독일 바우하우스Bauhaus의 철학에서 시작되었다고 할 수 있다. 바우하우스는 건축을 주축으로 예술과 기술을 종합적으로 교육하는 기관으로서 인간 중심의 디자인, 예술과 기술의 융합, 사용자 중심의 디자인을 추구한다.

그림 2-1 **바우하우스**

바우하우스는 사람들이 필요로 하는 사용자 중심의 디자인을 만들기 위해 기능을 합리적으로 설계하고, 나아가 미적인 요소를 중시하는 예술적 감각을 통합하는 데 큰 역할을 했다. 이후 이러한 통합적 사고에 대한 관심이 커지고, 창의적 아이디어는 직관적·분석적 사고를 통해 문제를 해결하는 것이라는 연구가 나타나기 시작했는데 이를 디자인 씽킹이라 일컫게 되었다.

디자인 씽킹과 통합적 사고 이론을 내세운 로저 마틴Roger Martin은 누구나 디자이너처럼 생각하고 창조적으로 문제를 해결할 수 있다고 말한다. 그는 직관적 사고와 분석적 사고를 적절하게 사용하여 균형을 맞추는 것이 창의적으로 문제를 해결할 수 있는 가장 좋은 방법이라고 했다. 디자이너처럼 생각하고 창의적으로 문제를 해결하려면 직관적 사고와 분석적 사고가 끊임없이 충돌하고 조정되면서 균형을 이루어야 한다.

직관적 사고와 분석적 사고를 자유롭게 넘나들어 적절하게 균형을 이루는 것이 창의적인 아이디어를 발견할 수 있는 방법이다.

> 로저 마틴

2. 디자인 씽킹의 개념

디자인 씽킹에서는 문제를 해결하는 데 창의적 사고가 중요하다. 명확하게 정의된 문제를 구조적으로 분석하는 방식인 비즈니스 사고는 비즈니스의 결과를 개선하는 것이 목적이고 단순히 주어진 문제를 해결하는 데에만 집중한다. 이는 문제를 논리적으로 분석하고 해석에 집중하기 때문에, 점점 더 복잡해지고 불확실성이 커지는 4차 산업혁명 시대에는 분석적 사고인 비즈니스 사고만으로는 대응하기 어려운 실정이다.

반면 창의적 사고는 문제가 무엇인지 인지하는 것에서 출발한다. 창의적 사고는 문제 자체가 정의되어 있지 않고 독창적인 아이디어를 이끌어낼 수 있다는 점에서 그 중요성이 커지고 있다. 창의적 사고는 창작 활동이나 표현 활동을 통해 독창적인 아이디어를 이끌어낼 수도 있는데, 그러기 위해서는 다각도의 관점과 다양한 사고가 필요하다.

다양한 사고에는 확장해서 생각하는 확산적 사고와 확장된 사고를 한 가지로 정리하는 수렴적 사고가 있으며, 디자인 씽킹은 분석적·직관적 사고를 적절하게 사용하는 것을 뜻한다. 이러한 사고를 통해 문제를 반복해서 분석하고 해결하는 것이 디자인 씽킹의 주된 목적이며, 사용자가 원하는 것을 개선하여 창의적인 결과물을 만들어내는 것이 디자인 씽킹의 목표라고 할 수 있다.

표 2-1 디자인 씽킹의 이해

구분	디자인 씽킹
사고 절차	문제 해결을 위해 좌뇌와 우뇌를 모두 사용
사고방식	확산적·수렴적·분석적·직관적 방식을 자유롭게 넘나드는 사고방식(융합적 사고)
방법	분석 및 창작 활동 반복
문제 정의	불명확하게 정의된 문제를 다룸
목표	사용자의 경험을 개선하는 것
프로세스	공감 → 문제 정의 → 아이디어 도출 → 프로토타입 → 테스트
문제 해결	우리가 해결해야 하는 문제는 무엇인가?

정보화 사회의 빠른 변화에 대응하려면 한 가지 사고보다 다양한 사고의 결합이 필요하다. 따라서 디자인 씽킹에서는 확산적·수렴적 사고에 분석적·직관적 사고가 융합된 디자인 사고의 중요성을 강조한다. 즉 자신만의 독창적인 아이디어를 다양하게 표현할 수 있도록 창의적 사고와 비즈니스 사고를 자유자재로 넘나드는 다양한 사고 능력을 키우는 것이 중요하다.

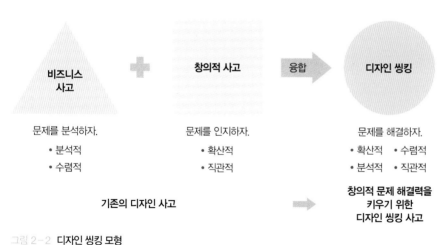

그림 2-2 디자인 씽킹 모형

디자인 씽킹을 이용한 창의적 문제 해결

디자인 씽킹에서의 창의적 문제 해결력의 의미를 이해하고 중요한 핵심 요소를 살펴본다. 또한 문제 해결 과정에 필요한 확산적 사고와 수렴적 사고에 대해 알아본다.

1. 창의적 문제 해결의 의미

창의적 문제 해결에서 '창의적^{creative}'은 '새로운, 독창적, 유용한'이라는 의미이고, '문제^{problem}'는 어떤 상황에서 직면한 문제를, '해결^{solving}'은 만족할 만한 타당한 문제 해결 방안을 찾는 방법을 말한다. 따라서 창의적 문제 해결은 어떤 상황에서 다양한 시각으로 문제를 발견하고 이해하며 창의적인 아이디어를 도출하여 문제 해결을 위한 행동을 계획하고 표현하는 과정을 의미한다. 이때 창의적인 아이디어를 도출하고 문제 해결을 위해 사고하는 과정에서 확산적 사고와 수렴적 사고가 융합적으로 일어난다.

Tip 아이삭센과 트레핑거(Isaksen & Treffinger, 1985)는 창의적 문제 해결을 '문제 이해, 아이디어 산출, 행동 계획 및 실행을 거치면서 확산적 사고와 수렴적 사고를 통해 창의적 사고가 일어나는 문제 해결 과정'으로 정의했다.

그림 2-3 **창의적 문제 해결의 핵심 요소**

확산적 사고와 수렴적 사고

창의적 문제 해결을 위한 디자인 씽킹은 확산적 사고와 수렴적 사고로 나누어 설명할 수 있다. 확산적 사고는 다양한 방법으로 생각을 확장하는 방식이고, 수렴적 사고는 한 가지로 생각을 정리하는 방식이다. 기존에 없던 유용한 아이디어를 도출하는 데 활용되는 확산적 사고를 통해 다양한 창의적 아이디어를 생성할 수 있으며, 수렴적 사고는 대안을 합리적으로 분석하여 최선의 해결책을 선정할 때 활용된다.

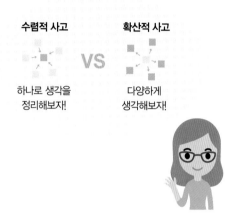

그림 2-4 **확산적 사고와 수렴적 사고**

2. 창의적 문제 해결 과정

우리는 살아가면서 다양한 문제에 부딪히고 그 상황에서 가장 효율적으로 대처할 수 있는 방법을 찾는데 이것이 문제 해결 과정problem-solving process이다. 예를 들어 손이 닿지 않는 높은 곳에 있는 물건을 꺼내야 할 때 우리는 주변을 둘러보고 빗자루, 우산, 의자 등을 찾아서 이용한다. 이 경우 문제는 물건이 손에 닿지 않는 것이고, 해결은 도구를 이용하는 것이며, 과정은 도구를 이용하여 물건을 꺼내려고 시도하는 것을 말한다. 이처럼 우리는 일상생활에서 늘 문제를 발견하고 문제 해결 과정을 경험한다.

창의적 문제 해결 단계는 알렉스 오스본에서 시작되어 스콧 아이삭센Scott Isaksen과 도널드 트레핑거Donald Treffinger 등에 의해 전개되었다. 그리고 확산적 사고와 수렴적 사고의 상호 작용을 통해 새로운 해결책을 만들어 창의적 문제 해결을 도출하는 접근 방법으로 발전되었다.

많은 학자가 창의적 문제 해결 과정을 제안했는데 그중 가장 널리 알려진 것은 알렉스 오스본과 시드니 파네스Sidney Parnes의 5단계 모델이다. 이 모델은 ① 사실 발견fact finding, ② 문제 발견problems finding, ③ 아이디어 발견idea finding, ④ 해결책 발견solution finding, ⑤ 수용acceptance finding으로 이루어져 있다.

학자들이 제안한 창의적 문제 해결 과정은 대부분 3~6단계이며, 공통적으로 문제를 발견하는 과정, 문제를 해결하는 과정, 해결 아이디어를 행동으로 계획하는 과정으로 구분할 수 있다. 이러한 과정은 모든 상황에서 동일한 것이 아니라 경우에 따라 차이가 있다.

창의적 문제 해결 과정에서는 발산적 사고(창의적 사고)와 수렴적 사고(비판적 사고)를 동시에 훈련할 수 있다. 이는 3장에서 다룰 창의적 아이디어 표현을 위한 디자인 씽킹의 1~4단계, 즉 공감(문제 발견)–정의(문제 해석)–창의적 아이디어 발상–창의적 아이디어 표현과 같은 맥락에서 이해할 수 있다. 즉 디자인 씽킹 과정에서 창의적 문제 해결을 기반으로 확산적·수렴적 사고를 통해 아이디어가 도출될 수 있다.

창의적 문제 해결 과정은 다음 그림과 같이 크게 3단계, 즉 창의적 문제 발견 및 이해, 창의적 문제 해결을 위한 아이디어 도출, 창의적 문제 해결을 위한 행동 계획 및 수립을 거쳐 전개된다. 이 과정에서 확산적 사고와 수렴적 사고가 융합적으로 작용하고 창의적 사고가 일어난다.

그림 2-5 **창의적 문제 해결 과정**

창의적 문제 발견 및 이해

문제 발견은 문제 해결의 첫 단계로, 문제가 명확하게 정의되지 않은 상황에서 문제를 생각하고 발견하는 능력을 말한다. 새로운 문제를 발견하는 것은 새로운 발명의 원동력이라 해도 과언이 아니다. 보통은 문제를 발견하는 것보다 해결하는 데 익숙해져 있고, 문제가 무엇인지 생각하는 것을 더 어려워한다. 그러나 문제가 명확하지 않으면 해결 방향과 목적이 다른 방향으로 흘러갈 수 있기 때문에 문제를 발견하고 구체화하는 것이 중요하다.

단계	예
창의적 문제 발견 및 이해	친환경 시대에 과도하게 쓰이는 일회용 플라스틱 제품이 사라진다면 어떤 일이 일어날까요? 예: 환경오염을 줄일 수는 있으나 저렴하고 가볍고 충격에 강한 플라스틱 소재를 대체할 수 있는 것이 없다.

창의적 문제 해결을 위한 아이디어 도출

문제를 발견하고 이해했다면 다양한 문제 해결 아이디어를 도출하는 단계로 넘어간다. 이때 확산적 사고 기법을 이용하여 다양한 범주의 아이디어를 최대한 많이 이끌어내야 한다. 이 단계에서는 결정을 하지 않으며, 다양한 아이디어를 도출할 수 있도록 창의적인 사고를 하는 데 방해가 되는 요소를 제거하는 것이 좋다. 창의적 문제 해결 과정을 무리 없이 진행하기 위해서는 다양한 사고 기법을 통한 훈련이 필요하다.

단계	예
창의적 문제 해결을 위한 아이디어 도출	앞의 응답 내용 중 우리 삶에서 가장 심각한 영향을 미칠 것이라고 예측하는 문제점을 한 가지만 제시하시오. 예: 일회용 플라스틱 제품을 사용할 수 없다. 문제점을 해결할 수 있는 방법을 생각해보시오. 예: 일회용 플라스틱을 대체할 수 있는 소재(종이, 나무, 유리 등)를 찾아본다.

창의적 문제 해결을 위한 행동 계획 및 수립

문제 해결을 위한 행동 계획 단계에서는 앞서 도출된 아이디어 가운데 가장 유용하고 해결 가능성이 높은 것을 선택한다. 이때 확산적·수렴적 사고 기법을 이용함으로써 원하는 방향으로 상황을 전환하여 문제를 해결할 수 있도록 해야 한다.

단계	예
창의적 문제 해결을 위한 행동 계획 및 수립	여러 가지 방법 중에서 가장 좋은 해결책을 한 가지 제시하시오. 예: 일회용 플라스틱을 대체할 수 있는 것은 재활용이 가능한 종이나 자연 분해가 되는 신소재이다. 해결책을 바탕으로 일회용 플라스틱을 대체하기 위한 구체적인 계획을 세우시오. 예: 일회용 플라스틱 빨대 대신 종이나 대나무로 만든 빨대를 사용한다. 재활용 소재나 자연 분해 소재로 물건을 만든다.

문제를 해결하려면 문제를 의미 있게 인지하고 현재 상태와 목표 상태의 차이를 명확하게 파악해야 한다. 그런 다음 목표 상태에 도달할 수 있도록 차이를 줄여나가기 위해 노력해야 한다. 문제 해결은 주어진 문제 상황을 목표 상태로 전환해나가는 과정이므로, 문제가 발생했을 때 목표를 달성하기 위한 방법이 확실치 않더라도 명확한 목표를 세워야 한다.

IDEO와 디스쿨의 디자인 씽킹

IDEO의 디자인 씽킹 특징을 이해하고 디스쿨의 디자인 씽킹 5단계 프로세스를 알아본다.

1. IDEO의 디자인 씽킹

디자인 씽킹 프로세스를 공부하기에 앞서 창의적 아이디어 표현의 주요 단계를 살펴보기 위해 인간 중심 디자인으로 유명한 기업인 IDEO(아이데오)의 디자인 씽킹을 살펴보자. IDEO는 기업 경영에서 사용자를 최우선으로 생각하고 디자인 씽킹의 필요성을 디자인 측면에서 강조하는 혁신적 기업이다.

IDEO의 CEO인 팀 브라운Tim Brown은 저서 《디자인에 집중하라》에서 디자인 씽킹에 대해 영감inspiration, 아이디어 도출ideation, 구현implementation을 거쳐 분석과 통합을 끊임없이 반복하는 것이 특징이라고 했다.

① **영감:** 사용자를 직접 관찰하고 공감하면서 영감을 얻는 단계

② **아이디어 도출:** 확산과 수렴 과정을 통해 아이디어를 통합하고 구체화하는 단계

③ **구현:** 프로토타입을 제작하고 테스트와 피드백을 통해 개선하여 최적의 답을 얻는 단계

그림 2-6 **IDEO 본사**

그림 2-7 **팀 브라운이 제시한 디자인 씽킹의 특징 모형**

기업에서의 디자인 씽킹은 사용자의 경험을 기반으로 제품이나 서비스를 만드는 과정을 말한다. 이러한 과정에서 예측하지 못한 결과물이 나오기도 하고, 창의적인 제품이 출시되어 사용자를 만족시키기도 한다. 이처럼 기업이나 비즈니스 측면에서의 디자인 씽킹이 소비자를 가치 있게 평가하고 시장의 기회를 이용하는 데 초점을 둔다면, 디자인 측면에서의 디자인 씽킹은 제품을 이용하는 사람들의 경험을 개선하고, 사람들의 필요와 욕구를 알아내기 위해 경험을 탐구하는 것이 목적이다.

사용자의 경험을 이해하면 사람들이 생각지도 못했던 새롭고 독창적인 것을 창조할 수 있는 능력이 생긴다. 또한 사용자의 경험을 파악하고 이해하기 위해서는 사용자를 공감하는 능력이 필요하다. 즉 디자인 씽킹에서 핵심적인 방향(과정)은 사람들을 관찰하고 공감하며 문제를 정의하고 프로토타입을 제작하여 테스트의 피드백을 반복해나가며 최적의 답을 찾는 것이다.

2. 디스쿨의 디자인 씽킹

디자인 씽킹은 스탠퍼드대학 디스쿨[D.School]의 혁신적 교육에서 시작되었다고 해도 과언이 아니다. 현재 디스쿨은 디자인 씽킹의 교육 방식을 5단계, 즉 공감[empathize], 문제 정의[define], 아이디어 찾기[ideate], 시제품 제작[prototype], 평가[test]로 설명하며, 여러 대학과 연구 기관에서도 이 5단계 프로세스를 많이 사용하고 있다.

그림 2-8 **디스쿨**

① **공감:** 사람들을 관찰하여 문제를 발견하고 공감하는 단계

② **문제 정의:** 문제가 무엇인지 구체적으로 정의하는 단계

③ **아이디어 찾기:** 독창적이고 유용한 아이디어를 자유롭게 발상하는 단계

④ **시제품 제작:** 아이디어를 제품으로 구현하는 단계

⑤ **평가:** 시제품을 테스트하여 피드백을 얻고 개선하는 단계

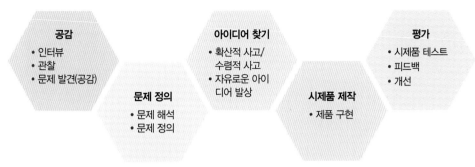

그림 2-9 **디스쿨의 디자인 씽킹 프로세스**

3. 이 책에서 다루는 디자인 씽킹의 범위

이 책에서 다루는 디자인 씽킹의 범위는 다음 그림과 같으며 그중에서도 3, 4단계를 중점적으로 배워본다. 공감과 정의를 기반으로 문제를 발견하고 이해하는 단계를 거쳐 창의적 아이디어 발상, 창의적 아이디어 표현에 중심을 둔 디자인 씽킹이다. 이어지는 3~7장에서 디자인 씽킹 프로세스, 창의적 아이디어 발상 기법, 창의적 아이디어 표현 방법을 자세히 살펴본 다음 8, 9장에서 프로젝트 실습을 해볼 것이다.

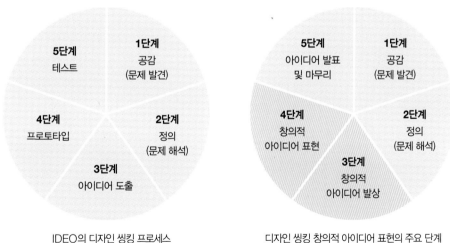

IDEO의 디자인 씽킹 프로세스   디자인 씽킹 창의적 아이디어 표현의 주요 단계

그림 2-10 **이 책에서 다루는 디자인 씽킹의 범위**

실습 과제 2-1 | 단어의 의미를 감정 단어로 나열하기

단어가 가지고 있는 의미를 감정 단어^{emotion vocabulary}로 나열해보자. 감정 단어는 기쁨, 우울, 분노 등 자신이 느끼는 감정을 표현하는 단어를 말한다. 예를 들어 '꽃'의 경우 '밝아진다', '들뜬다', '황홀하다' 등의 감정 단어로 표현할 수 있을 것이다.

제목	단어의 의미를 감정 단어로 나열하기				
주제	꽃, 바다				
이름		학번		일자	
'꽃'이라는 단어의 의미를 감정 단어로 나열하기					
'바다'라는 단어의 의미를 감정 단어로 나열하기					

실습 과제 2-2	사용자 경험 중심의 제품 분석하기 I

자주 사용하는 가방을 주제로 자신의 경험을 떠올려보고 편리한 점, 불편한 점, 개선할 점을 작성해보자. 디자인 씽킹은 일상생활의 경험을 통해 다양한 사고를 하는 것이므로 여러 관점에서 가방을 관찰하고 분석하는 것이 좋다.

제목	사용자 경험 중심의 제품 분석하기 I				
주제	가방(여행 가방, 책가방, 화장품 가방, 운동 가방, 노트북 가방 등)				
이름		학번		일자	
편리한 점					
불편한 점					
개선할 점					

실습 과제 2-3 　 사용자 경험 중심의 제품 분석하기 II

자신이 사용하는 스마트폰을 주제로 자신의 경험을 떠올려보고 편리한 점, 불편한 점, 개선할 점을 작성해 보자. 기능이나 사용성 측면에서 스마트폰을 관찰하고 분석한다.

제목	사용자 경험 중심의 제품 분석하기 II				
주제	스마트폰				
이름		학번		일자	
스마트폰의 종류					
편리한 점					
불편한 점					
개선할 점					

핵심 정리

1 디자인 씽킹

- 로저 마틴은 직관적 사고와 분석적 사고를 적절하게 사용하여 균형을 맞추는 것이 창의적으로 문제를 해결할 수 있는 가장 좋은 방법이라고 했다.
- 디자인 씽킹은 확장해서 생각하는 확산적 사고, 확장된 사고를 한 가지로 정리하는 수렴적 사고 및 다양한 사고(분석적·직관적 사고)를 적절하게 사용하는 것을 뜻한다. 이러한 사고를 통해 문제를 반복해서 분석하고 해결하는 것이 디자인 씽킹의 주된 목적이며, 사용자가 원하는 것을 개선하는 것이 디자인 씽킹의 목표이다.

2 확산적 사고와 수렴적 사고

- **확산적 사고:** 다양한 방법으로 생각을 확장하는 방식
- **수렴적 사고:** 한 가지로 생각을 정리하는 방식

3 창의적 문제 해결

- 창의적 문제 해결은 어떤 상황에서 다양한 시각으로 문제를 발견하고 이해하며 창의적인 아이디어를 도출하여 문제 해결을 위한 행동을 계획하고 표현하는 과정을 의미한다.

4 창의적 문제 해결 과정

① 창의적 문제 발견 및 이해
② 창의적 문제 해결을 위한 아이디어 도출
③ 창의적 문제 해결을 위한 행동 계획 및 수립

5 IDEO의 디자인 씽킹

- IDEO의 CEO인 팀 브라운은 디자인 씽킹에 대해 영감, 아이디어 도출, 구현을 거쳐 분석과 통합을 끊임없이 반복하는 것이 특징이라고 했다.

6 디스쿨의 디자인 씽킹

- 디스쿨은 디자인 씽킹의 교육 방식을 5단계, 즉 공감, 문제 정의, 아이디어 찾기, 시제품 제작, 평가로 설명한다.

디자인 씽킹
프로세스

- 디자인 씽킹의 프로세스를 이해할 수 있다.

- 디자인 씽킹의 1단계인 공감(문제 해결)을 이해하고 실행할 수 있다.

- 디자인 씽킹의 2단계인 정의(문제 해석)를 이해하고 실행할 수 있다.

- 디자인 씽킹의 3단계인 창의적 아이디어 발상을 이해하고 실행할 수 있다.

- 디자인 씽킹의 4단계인 창의적 아이디어 표현을 이해하고 실행할 수 있다.

- 디자인 씽킹의 5단계인 아이디어 발표 및 마무리를 이해하고 실행할 수 있다.

공감(문제 발견)

공감은 문제를 발견하기 위해 문제를 깊이 파고드는 과정이라 할 수 있다. 디자인 씽킹 프로세스의 1단계인 공감에 대해 알아본다.

창의적 아이디어 표현을 위한 디자인 씽킹 프로세스는 디스쿨의 디자인 씽킹 단계를 바탕으로 공감 empathize – 정의define – 창의적 아이디어 발상ideation – 창의적 아이디어 표현prototype – 아이디어 발표 및 마무리 presentation & review로 구분할 수 있다. 이러한 5단계를 학습함으로써 아이디어 발상과 표현에 무엇이 필요한지 통찰력을 얻게 될 것이다.

그림 3-1 디자인 씽킹 프로세스

1. 공감의 의미와 필요성

공감은 창의적인 아이디어를 실현하기 위한 디자인 씽킹의 첫 번째 단계로, 문제에 접근하기 위해 사용자를 관찰하여 요구 사항을 파악하는 문제 발견의 과정이다. 이 단계에서는 문제에 대한 선입견이나 이미 알고 있는 정보로 인해 문제를 왜곡해서 파악할 수도 있으므로 사람들을 유심히 관찰하고 인터뷰를 하면서 통찰하는 것이 중요하다.

이처럼 공감은 제품, 서비스 등의 문제를 발견하고 해결하기 위해 사용자의 요구 사항을 파악하는 필수 과정이다. 또한 공감 단계에서의 관찰과 인터뷰는 가치 있는 결과물을 만들기 위한 첫 단추로서 매우 중요하다. 이러한 경험과 배경 지식을 통한 통찰력을 바탕으로 디자인 씽킹의 첫 단계에 도전하는 것이 공감의 목표이다.

2. 공감 방법

디자인 씽킹에서 인터뷰는 문제 해결을 원하는 사용자의 이야기를 듣고 문제를 깊이 파고드는 활동을 말한다. 문제 상황과 관련 있는 사용자의 요구 사항을 자세히 듣기 위해 인터뷰를 진행하며, 이를 통해 사용자가 원하는 것이 무엇인지 정확히 파악하는 것이 중요하다. 대학 수업에서의 공감 활동으로는 이러한 인터뷰를 권장한다.

인터뷰를 진행하기에 앞서 인터뷰의 전체적인 흐름을 계획하고 인터뷰 대상자, 일정 및 장소, 질문 목록 등을 준비해야 한다. 인터뷰 대상자는 제품이나 서비스를 이용하는 주요 고객층이나 전문가를 선정하는 것이 좋다. 인터뷰에 필요한 준비물과 유의 사항은 다음과 같다.

인터뷰 준비물

• 인터뷰 대상자의 기본 정보(나이, 전공, 직업, 문제 관련 경험 등)

• 질문 목록

• 필기구

• 녹음기, 카메라(필요시 사전 동의를 구한 후 촬영 또는 녹취)

유의 사항

• 인터뷰 대상자가 정해지면 일정을 협의하고 장소를 섭외한다.

• 집중도를 높이기 위해 조용한 장소로 정하고, 인터뷰 대상자가 편안하게 인터뷰에 임할 수 있도록 분위기를 조성한다.

• 기록(녹취, 사진·동영상 촬영 등)을 남겨도 되는지 인터뷰 대상자에게 동의를 구한다.

• 질문 목록을 가지고 인터뷰를 진행하는데, 인터뷰 대상자의 답변을 듣고 문제를 명확하게 하는 질문이 떠오르면 이어서 물어보아도 무방하다. 질문 목록에 없는 추가 질문은 반드시 메모해둔다.

공감을 위한 마인드맵

자신이 다니는 대학교의 강의실을 주제로 관련된 단어를 자유롭게 나열한 후 그중에서 대학교 강의실의 불편한 점에 해당하는 단어를 골라냄으로써(핵심 키워드 도출) 공감(문제 발견) 과정을 알아보자.

제목	공감을 위한 마인드맵				
주제	대학교 강의실				
이름		학번		일자	

1. 대학교 강의실과 관련된 단어 나열하기

2. 공감을 위한 질문: 대학교 강의실의 불편한 점은 무엇인가?

실습 과제 3-2 | 대학교 강의실의 불편한 점에 대해 인터뷰하기

공감(문제 발견)을 통해 선정된 문제에 관해 강의실에 있는 학생들에게 인터뷰를 시도해보자. 질문을 정리한 실습지를 미리 준비한 후 인터뷰 대상자를 선정하여 인터뷰를 진행하고 답변을 적는다. 인터뷰를 할 때 대상자의 답변을 잘 이해하고 정리하는 것이 중요하다.

제목	대학교 강의실의 불편한 점에 대해 인터뷰하기				
주제	대학교 강의실의 불편한 점은 무엇인가?				
이름		학번		일자	

인터뷰 질문과 답변		질문	답변
	1	강의실의 일체형 책상은 어떤 점이 불편한가?	이동하기 불편하다. 자리가 좁다. 물건을 떨어뜨리면 줍기 힘들다.
	2		
	3		
	4		
	5		
	6		
	7		
	8		
	9		
	10		
인터뷰 핵심 내용	1. 인터뷰 대상자는 누구인가? 2. 질문의 목적은 무엇인가? 3. 문제는 무엇인가?		

정의(문제 해석)

정의는 진짜 문제가 무엇인지 찾고 문제 해결을 위한 방향을 정하는 과정이다. 디자인 씽킹 프로세스의 2단계인 정의에 대해 알아본다.

1. 정의의 의미와 필요성

정의는 공감 단계에서 얻은 통찰로 문제를 이해하고 해석하는 수렴적 사고의 단계로서, 진짜 문제가 무엇인지 찾고 문제 해결을 위한 방향을 정하며 해결해야 할 문제가 무엇인지 깊이 있게 생각해볼 수 있다. 이 단계에서 문제를 명확하게 정의함으로써 아이디어의 발상이 보다 쉬워진다. 디자인 씽킹에서 문제 정의를 제대로 하면 사용자가 진정으로 필요로 하는 창의적인 아이디어를 얻을 수 있다.

프로젝트 수업을 진행해보면 디자인 씽킹의 1단계인 공감과 2단계인 정의가 반드시 연결되어야 함을 알 수 있다. 정의가 이루어지지 않으면 공감 단계에서 발견한 문제를 벗어나 엉뚱한 방향으로 해석하게 됨으로써 개연성이 없는 해결책을 도출하는 경우가 많다. 따라서 정의는 문제 해결을 위한 방향 설정을 위해 반드시 필요한 과정이다.

2. 정의 방법

문제를 정의하는 방법 중에서 가장 효과적인 것은 질문 활용이다. '어떻게 하면 …을 할 수 있을까?'라는 질문의 빈 부분을 상황에 맞게 채워 넣으면 구체적으로 문제 정의를 할 수 있으며, 이때 공감 단계에서 수집한 관찰, 인터뷰 등의 자료가 필요하다. 다음은 '어떻게 하면 …을 할 수 있을까?'라는 질문의 예이다.

- 어떻게 하면 여행 짐을 최소화하는 가방을 만들 수 있을까?
- 어떻게 하면 편리한 일체형 테이블을 만들 수 있을까?
- 어떻게 하면 일회용 플라스틱 빨대의 사용을 줄일 수 있을까?
- 어떻게 하면 물에 젖지 않는 신발을 만들 수 있을까?
- 어떻게 하면 효과적인 협업 공간을 만들 수 있을까?

실습 과제 3-3 　대학교 강의실의 문제 해석하기

[실습 과제 3-2]의 인터뷰에서 발견된 문제를 좀 더 깊이 있게 살펴보자. 진짜 문제를 찾기 위해 다음 실습 지를 이용하여 문제를 분석하고 정의한다.

제목	대학교 강의실의 문제 해석하기				
주제	대학교 강의실의 일체형 책상을 어떻게 하면 좋을까?				
이름		학번		일자	
문제 해석 (진짜 문제 찾기)	예: 대학교 강의실에 있는 일체형 책상의 불편함을 해결하는 방법은 무엇일까?				
문제 정의	예: 어떻게 하면 좁은 자리를 넓게 쓸 수 있을까?				

창의적 아이디어 발상

창의적 아이디어 발상은 정의된 문제를 바탕으로 다양한 아이디어를 창출하는 과정이다. 디자인 씽킹 프로세스의 3단계인 창의적 아이디어 발상에 대해 알아본다.

1. 창의적 아이디어 발상의 의미와 필요성

디자인 씽킹에서 가장 중요하고 핵심적인 단계인 창의적 아이디어 발상은 창의적 아이디어 표현의 결과물을 만들기 위해 여러 가지 자료를 관찰하고 분석하여 사용자가 원하는 방향으로 해결책을 만드는 과정이다. 즉 정의된 문제를 바탕으로 다양한 아이디어를 창출하는 단계로, 확산적·수렴적 사고 기법을 통해 창의적인 아이디어를 도출해낸다.

창의적 아이디어 발상 단계에서는 뛰어난 아이디어를 하나만 내놓는 것보다 엉뚱하더라도 다양한 아이디어를 내놓는 것이 좋다. 이때 내놓는 아이디어에는 정답이 없고 질보다 양이 중요하므로 좋은 아이디어를 도출할 수 있다는 확신을 가지고 다양한 아이디어를 끄집어내는 것이 중요하다.

2. 창의적 아이디어 발상 방법

창의적 아이디어 발상 방법은 무수히 많은데, 이는 그만큼 사람들이 창의력에 관심을 가지고 있으며 학자들이 오랜 세월 동안 연구해왔음을 의미한다. 여기서는 수많은 아이디어 발상 방법 중에서 활용도가 높은 브레인스토밍brainstorming, 브레인라이팅brainwriting, 매트릭스법matrix, 피시본 다이어그램fish bone diagram, 고든법Gordon, 육색 사고 모자 기법six thinking hats method을 소개한다. 각각의 특징을 살펴보고 간단한 실습 과제를 수행해보자.

브레인스토밍

알렉스 오스본이 제안한 브레인스토밍은 아이디어 발상의 기초로 활용되는 기법 중 하나이다. 브레인스토밍은 순간적으로 스쳐 가는 생각을 빠르게 공유하는 방법으로, 팀 활동을 통해 창의적인 아이디어를 최대한 많이 얻는 것이 목적이다. 브레인스토밍을 할 때는 다음 네 가지 규칙을 지켜야 한다.

- 질보다는 양을 우선시하고 가능한 한 많은 해결 방법을 만들어낸다.

- 엉뚱한 아이디어도 상관없으며 자신의 생각을 가감 없이 자유롭게 표현한다.

- 다른 사람의 의견을 비판하지 않는다.

- 다른 사람의 아이디어에 자신의 아이디어를 덧붙여서 발전시킨다.

이렇게 브레인스토밍을 하는 과정 동안 수많은 아이디어를 공유하고 개선 및 수정해나가면서 창의적인 아이디어를 도출할 수 있다. 즉 브레인스토밍을 이용하면 단시간에 다양한 생각을 한눈에 정리하고 아이디어의 질을 높일 수 있다.

브레인라이팅

브레인라이팅은 글쓰기를 이용한 아이디어 발상 기법으로 635원칙, 즉 6명의 팀원이 3개의 아이디어를 5분간 작성한다는 원칙에 따라 롤링페이퍼 방식으로 이루어진다. 브레인라이팅은 다음과 같은 과정으로 진행한다.

- 6명의 팀원에게 브레인라이팅 실습지를 한 장씩 제공한다.

- 각 팀원은 자신의 실습지에 3개의 아이디어를 5분간 작성한다.

- 5분이 지나면 롤링페이퍼 방식으로 실습지를 돌려가면서 다른 팀원의 실습지에 3개의 아이디어를 5분간 작성한다(5회 반복).

이때 다른 팀원의 아이디어에서 발전시킨 아이디어를 내놓아도 좋고 독창적인 아이디어를 내놓아도 좋다. 이러한 브레인라이팅 과정을 거치면 30분 동안 108개의 아이디어를 도출할 수 있다.

표 3-1 브레인라이팅의 예

구분	아이디어 1	아이디어 2	아이디어 3
작성자 1			
작성자 2			
작성자 3			
작성자 4			
작성자 5			
작성자 6			

매트릭스법

매트릭스법은 발상해낸 아이디어의 개수를 줄이기 위해 변수 2개를 조합하는 기법이다. 다양한 변수 중에서 2개를 골라 가로축과 세로축에 넣고, 각 변수의 고려 사항을 조합하여 현재 상태를 분석하거나 아이디어를 도출한다. 매트릭스법은 주제가 너무 광범할 때 범위를 좁히기 위해 사용하며, 어떤 요소를 도출하느냐가 핵심이다. 매트릭스법은 다음과 같은 과정으로 진행한다.

• 주제에 따라 변수를 나열한다.

• 변수 중에서 2개를 골라 가로축과 세로축에 넣는다.

• 각 변수의 고려 사항을 조합하여 아이디어를 도출한다.

• 아이디어 중에서 최종 해결 과제를 결정한다.

이해를 돕기 위해 매트릭스법에 공기청정기를 적용해보자. 공기청정기의 경우 대상, 기능, 재질, 용도, 형태 등을 변수로 생각해볼 수 있는데, 예를 들어 [표 3-2]와 같이 가로축에 용도를, 세로축에 대상을 넣은 가로축(4개)×세로축(4개)의 매트릭스법을 사용하면 총 16개의 아이디어를 도출할 수 있다. 이때 표의 모든 칸을 채워도 되고 몇 개만 선정하여 아이디어를 도출해도 된다. 한 예로 가로축의 '휴대용'과 세로축의 '대학생'을 선정하여 '대학생을 위한 휴대용 공기청정기'라는 아이디어를 도출할 수 있다. 이렇게 아이디어를 걸러내면 해결해야 할 과제를 명확히 결정할 수 있다.

표 3-2 **매트릭스법의 예**

구분		용도			
		가정용	기업용	사무실용	휴대용
대상	대학생				
	직장인				
	고령자				
	자영업자				

피시본 다이어그램

피시본 다이어그램은 일본의 가오루 이시카와가 발명한 기법으로 이시카와 다이어그램Ishikawa diagram이라고도 부르며, 문제를 파악하는 데 주로 사용된다. 물고기처럼 생긴 피시본 다이어그램은 가시 부분에 문제를, 머리 부분에 문제의 결과를 작성하는데, 이때 긴 문장으로 적지 않고 핵심 키워드를 간략하게 적는다. 피시본 다이어그램에서는 머리 부분에 가까울수록 문제와 근접한 원인이고 멀리 떨어져 있을수록 덜 근접한 원인이다.

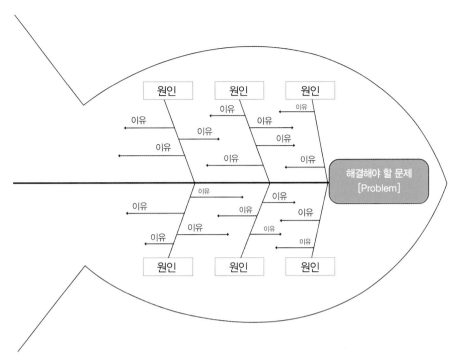

그림 3-2 **피시본 다이어그램의 예**

고든법

브레인스토밍과 마찬가지로 집단 발상을 전개하는 기법으로, 브레인스토밍의 경우 주제를 구체적으로 제시하지만 고든법의 경우 키워드만 제시한다. 고든법에서는 팀의 리더만 주제를 알고 있고 팀원들은 주제를 모르는 상태에서 자유롭게 아이디어를 발언한다. 예를 들어 '새로운 자전거'가 주제라면 팀원들에게 '이동하다'라는 키워드만 알려주고 팀원들은 이동 방법에 대한 아이디어를 내는 것이다. 의외의 독창적인 아이디어를 기대할 수 있는 고든법은 다음과 같은 과정으로 진행한다.

• 팀의 리더는 문제를 이해하고 토론을 진행한다.

• 팀원들에게는 문제를 알려주지 않고 추상적인 키워드를 제시한다.

• 효과적인 토론을 위해 10명 이내, 2시간 이내로 진행하는 것이 좋다.

• 다양한 전공의 사람들로 팀원을 구성하면 풍부한 아이디어를 얻는 데 유리하다.

• 리더는 좋은 아이디어가 나올 때까지 팀원들에게 문제를 알려주지 않고 팀원들은 계속 아이디어를 내놓는다.

• 적합한 문제 해결책이 나오면 리더는 팀원들에게 문제를 알려준다.

• 문제를 공유한 후 문제 해결의 가능성에 대해 토론하고 이를 발전시켜 최종 해결책을 도출한다.

육색 사고 모자 기법

육색 사고 모자 기법은 영국의 심리학자 에드워드 드보노^{Edward de Bono}가 개발한 것으로, 여섯 가지 모자의 색상에 따라 사고 유형을 다르게 하여 생각하고 토론하는 것이다. 이는 여러 사람이 토론이나 프로젝트를 할 때 매우 효과적인 방법이며, 토론 시 한쪽으로 치우치지 않고 다양한 의견이 제시된다. 또한 한 사람이 한 가지 모자의 역할을 하는 것이 아니라 돌아가면서 여섯 가지 모자의 역할을 함으로써 다양한 사고를 할 수 있다.

육색 사고 모자 기법의 사고 유형과 역할은 다음 그림과 같다. 예를 들어 초록색 모자의 역할을 할 때는 문제에 대해 긍정적인 의견이나 비판적인 의견을 가지고 있더라도 창조적 사고의 관점에서 의견을 제시해야 한다.

그림 3-3 **육색 사고 모자 기법의 사고 유형과 역할**

- **창조적 사고(초록색 모자):** 창의적 사고를 바탕으로 새로운 아이디어와 문제 해결 방법을 제시한다.
- **긍정적 사고(노란색 모자):** 문제에 대한 장점과 강점을 제시한다. 비판적 사고를 자제하고 긍정적인 관점으로 문제를 바라본다.
- **감정적 사고(빨간색 모자):** 직관적인 느낌과 감정을 가지고 아이디어를 제시한다.
- **비판적 사고(검은색 모자):** 비판적 사고를 바탕으로 실패 요소나 위험 요소를 제시한다.
- **중립적 사고(흰색 모자):** 객관적 사고를 바탕으로 사실만을 제시한다. 종합적인 판단을 위해 되도록 중립적인 정보만 제시한다.
- **통제적 사고(파란색 모자):** 진행자에게 주어지는 것으로, 진행자는 토론이 잘 진행될 수 있도록 팀원을 통제하고 리더 역할을 한다.

육색 사고 모자 기법은 다음과 같은 과정으로 진행한다.

- 토론 주제를 정한다.
- 팀원은 여섯 가지 모자의 성격과 특성을 이해한다.
- 여섯 가지 모자의 역할을 배분하고 사고 유형과 순서를 숙지한다.
- 팀원은 각자 모자의 색깔에 해당하는 사고의 관점에서 의견을 제시한다.
- 시계 방향으로 모자를 돌려 쓰면서 의견을 제시한다. 이렇게 함으로써 다른 사고의 관점에서 생각해보고

다양한 아이디어를 도출할 수 있다.

• 한 사람이 여섯 가지 모자를 모두 써볼 때까지 과정을 반복한다.

• 최종적인 결론을 정리한다.

이처럼 창의적인 아이디어를 발상하기 위한 방법이 다양하지만 그중에서 상황과 목적에 적합한 것을 선택하여 잘 활용해야 한다. 이 절에서는 일반적으로 사용하는 아이디어 발상 기법을 살펴보았으며 핵심적인 아이디어 발상 기법은 4, 5장에서 자세히 다룰 것이다.

고령자용 기능성 제품에 대한 브레인스토밍

'고령자용 기능성 제품'을 주제로 브레인스토밍을 적용하여 아이디어를 도출해보자. 브레인스토밍의 네 가지 규칙에 따라 고령자에게 필요한 제품에 대한 아이디어를 열거하고 그중에서 두세 가지를 선정한다.

제목	고령자용 기능성 제품에 대한 브레인스토밍				
주제	브레인스토밍을 적용하여 고령자용 기능성 제품에 대한 아이디어 도출하기				
이름		학번		일자	
아이디어					

최종 아이디어 선정	

실습 과제 3-5 | 1인 가구 생활용품에 대한 브레인라이팅

'1인 가구 생활용품'을 주제로 브레인라이팅을 적용하여 아이디어를 도출해보자. 브레인라이팅의 원칙에 따라 롤링페이퍼 방식으로 실습지를 돌려가며 아이디어를 작성한 후(팀원이 6명인 경우 5회 반복, 5명인 경우 4회 반복) 최종 아이디어를 선정한다.

제목	1인 가구 생활용품에 대한 브레인라이팅		
주제	브레인라이팅을 적용하여 1인 가구 생활용품에 대한 아이디어 도출하기		
팀 이름	일자		기록자
팀원			
구분	아이디어 1	아이디어 2	아이디어 3
작성자 1			
작성자 2			
작성자 3			
작성자 4			
작성자 5			
작성자 6			
최종 아이디어 선정			

실습 과제 3-6 ｜ 노트북에 대한 매트릭스법

새로운 노트북을 출시하기 위해 매트릭스법을 적용하여 해결 과제를 결정해보자. 노트북의 특징을 생각해보고 2개의 변수(대상, 기능, 재질, 용도, 형태 등)를 정하여 가로축과 세로축에 넣고 빈칸을 채운 후 해결해야 할 과제를 결정한다(실습지의 '용도'와 '대상'은 예시이므로 다른 변수를 넣어도 된다).

제목	**노트북에 대한 매트릭스법**					
주제	새로운 노트북을 출시하기 위해 매트릭스법을 적용하여 아이디어 도출하기					
이름		학번			일자	
구분	용도					
대상						
최종 아이디어 (해결 과제)						

실습 과제 3-7 매출 감소 원인에 대한 피시본 다이어그램

오프라인 매장의 매출 감소 원인을 파악하기 위해 피시본 다이어그램을 적용해보자. 결과보다는 원인에 집중하고 원인이 많다면 가시를 추가해도 된다.

제목	매출 감소 원인에 대한 피시본 아이어그램				
주제	오프라인 매장의 매출 감소 원인을 파악하기 위해 피시본 다이어그램 적용하기				
이름		학번		일자	

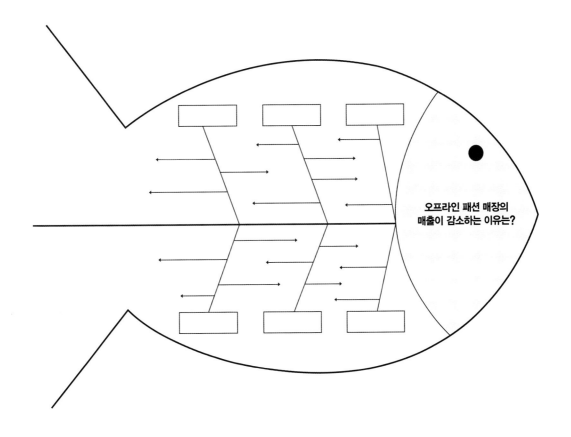

오프라인 패션 매장의
매출이 감소하는 이유는?

실습 과제 3-8 | 고든법 연습

팀을 구성하고(최대 10명) 리더를 뽑는다. 리더는 한 가지 주제를 정하여 이와 관련된 키워드를 팀원에게 제시하고, 2시간 이내로 토론을 진행하여 아이디어를 도출한다. 적합한 아이디어가 나오면 주제를 밝히고 토론하여 최종 아이디어를 도출한다.

제목	고든법 연습				
주제	팀의 리더가 주제를 선정한다.				
팀 이름		일자		기록자	
팀 리더		팀원			
아이디어					
팀원 1					
팀원 2					
팀원 3					
팀원 4					
팀원 5					
팀원 6					
팀원 7					
팀원 8					
팀원 9					
팀원 10					
최종 아이디어 선정					

실습 과제 3-9	육색 사고 모자 기법 연습

6명으로 팀을 구성하고 육색 사고 모자 기법을 연습해보자. 모자 색깔에 따라 역할을 배분하고 시계 방향으로 돌아가면서 맡은 역할에 따라 의견을 제시한 후 토론을 거쳐 최종 아이디어를 도출한다.

제목	육색 사고 모자 기법 연습				
주제	팀원은 함께 토론 주제를 선정한다.				
팀 이름		일자		기록자	
팀 리더		팀원			

1. 토론 주제를 선정한다.	주제:
2. 파란색 모자의 역할을 할 토론 진행자를 뽑는다.	진행자:
3. 각 팀원에게 여섯 가지 모자의 역할을 배분한다(모자 대신 색깔이 구분되는 다른 물건을 사용해도 된다).	창조적 사고 / 긍정적 사고 / 감정적 사고 / 비판적 사고 / 중립적 사고 / 통제적 사고 • 창조적 사고(초록색 모자): • 긍정적 사고(노란색 모자): • 감정적 사고(빨간색 모자): • 비판적 사고(검은색 모자): • 중립적 사고(흰색 모자): • 통제적 사고(파란색 모자): 진행자
4. 주제에 대해 토론하면서 아이디어를 내놓는다(시계 방향으로 순서를 정해도 되고 자유롭게 토론해도 된다).	
5. 의견을 모아 최종 아이디어를 선정한다(진행자가 토론을 마무리한다).	

창의적 아이디어 표현

창의적 아이디어 표현은 다양한 아이디어 발상 기법을 통해 얻은 아이디어를 시각적으로 표현하는 것을 말한다. 디자인 씽킹 프로세스의 4단계인 창의적 아이디어 표현에 대해 알아본다.

1. 창의적 아이디어 표현의 의미와 필요성

아이디어 발상 기법을 통해 선정된 아이디어는 시각적 표현을 통해 구체화된다. 창의적 아이디어 표현은 디자인 씽킹에서 가장 활기 넘치고 빠르게 진행되는 단계로, 이 단계를 거쳐 아이디어를 시각화하면 문제 해결에 한 걸음 더 다가갈 수 있다.

일반적으로 디자인 씽킹에서는 창의적 아이디어 표현 단계를 프로토타입 단계라고 일컫는다. 프로토타입은 본격적인 상품화에 앞서 성능을 검증·개선하기 위해 핵심 기능만 넣어 제작한 기본 모형을 말한다. 따라서 디자인 씽킹의 프로토타입은 아이디어를 표현하기 위한 목업^{mockup} 정도라고 생각하면 된다.

Tip 목업은 구상된 디자인을 실물 크기로 만들어보거나 그래픽 도구로 구현하는 것을 말한다. 구상된 디자인이나 아이디어가 실제로 반영되었을 때를 예상하고 평가해보는 목업은 아이디어 표현 작업 이후 평가나 테스트 단계에서 활용된다.

시각화는 아이디어의 콘셉트^{concept}를 간단한 글이나 그림으로 표현하는 것으로 시작한다. 먼저 아이디어 스케치로 기초 표현을 한 다음 그래픽 프로그램으로 좀 더 구체적으로 표현하는데, 아이디어 스케치는 미술을 전공하지 않은 사람도 가능하다. 아이디어의 핵심과 특징이 잘 드러나도록 간단하게 스케치하는 것이므로 그림을 잘 그리지 않아도 괜찮다. 그래도 어렵게 느껴진다면 그래픽 프로그램의 무료 소스를 이용하거나 인터넷의 오픈 소스 또는 이미지를 활용하여 스케치해도 무방하다. 다음 그림은 핸드 드로잉 방법과 그래픽 프로그램의 소스 등을 활용하여 아이디어 스케치를 한 예이다.

아이디어 표현의 목적은 디자인 외의 다양한 분야에서 문제를 해결할 수 있도록 디자인적 사고를 키우는데 있다. 디자인 씽킹은 전문가나 디자이너뿐만 아니라 누구나 자신의 분야에 적용할 수 있는 문제 해결 이론이라 할 수 있다.

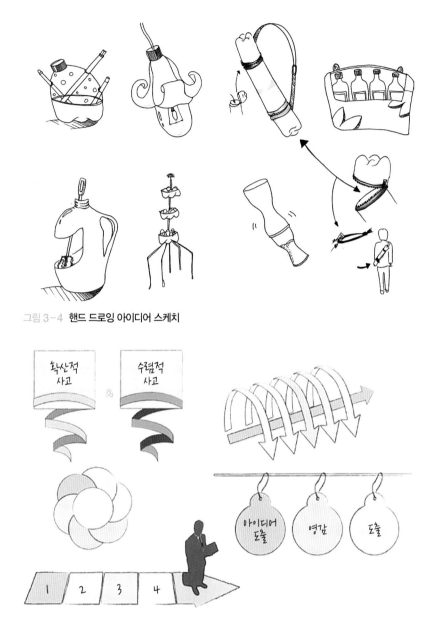

그림 3-4 핸드 드로잉 아이디어 스케치

그림 3-5 파워포인트 프로그램을 활용한 아이디어 스케치

2. 창의적 아이디어 표현 방법

창의적 아이디어 표현의 핵심은 아이디어의 특징을 잘 짚어내는 것이며, 이를 위한 대표적인 방법은 관찰과 단순화이다. 아이디어의 특징을 찾으려면 전체적인 부분과 세세한 부분을 관찰하고 단순화해야 한다.

다음은 단순화를 연습하는 방법이다.

- 사람들의 대화법을 단순화해보자.
- 머릿속에 있는 텍스트를 하나의 이미지로 단순화해보자.
- 복잡해 보이는 제품의 주요 기능만 남겨두고 제거해보자.

Tip 한 번에 완벽하게 시각화하기는 어렵기 때문에 많은 연습이 필요하다. 생각하고 빠르게 적고 실패하고 개선하는 과정을 반복하다 보면 머릿속에서 자연스럽게 아이디어를 스케치할 수 있게 되어 과정과 시간이 단축될 것이다.

스티브 잡스와 함께 일했던 마케팅 전략가인 켄 시걸Ken Segall은《미친 듯이 심플》에서 스티브 잡스의 '다르게 생각하라'라는 철학을 현실적인 제품으로 구현하기 위해서는 아이디어를 단순화하는 것이 중요하다고 말했다. 아이디어 표현의 기본은 복잡한 것을 단순하게 하는 것이며, 이는 독창적인 아이디어 표현을 할 수 있는 가장 쉬운 방법이기도 하다. 기업의 단순화 사례를 통해 창의적 아이디어 표현 방법을 이해해보자.

3. 창의적 아이디어 표현의 단순화 사례

아이디어 스케치를 할 때는 아이디어의 주제와 콘셉트를 정확히 이해하고 적합한 이미지를 떠올려본다. 이때 인터넷에서 관련 이미지를 검색해보는 것도 좋다. 머릿속에 이미지를 그린 후 노트에 자유롭게 스케치하면서 시각적 표현에 집중한다. 단순화가 이미지를 간단하게만 그리는 것이라고 잘못 이해하면 안 된다. 아이디어가 지닌 사전적·감성적·주관적 의미 등이 드러나도록 시각적으로 표현하는 것이 단순화이다.

브랜드 아이덴티티 단순화

브랜드 아이덴티티Brand Identity, BI 디자인에는 기업이 나타내고자 하는 의미와 목적이 담겨 있어야 한다. 기업의 정체성을 시각적으로 표현한 로고와 제품 디자인을 통해 단순화에 대해 알아보자.

대표적인 단순화 표현 방법으로 만들어지는 로고는 일단 눈에 잘 들어오고 사람들이 기억하기 쉽도록 독창성이 있어야 한다. 맥도날드 로고의 변화를 보면 아이디어의 단순화 과정을 한눈에 알 수 있다. 또 다른 예로는 사과 모양을 로고 디자인으로 사용하고 있는 애플이 있다. 다른 과일과 구별하기 위해 한 입 베어 문 사과의 형태로 디자인했으며, 컬러 모니터를 강조하기 위해 다양한 색상을 사용하다가 1998년에는 색상의 단순화를 위해 흑색 로고를 사용했다. 2000년대에는 단순화된 로고에 입체감을 주었고, 이후 그림자를 이용한 단순하면서도 깊이 있는 디자인을 현재까지 사용하고 있다.

1955	1961	1968	1983	1990	2002	2006

그림 3-6 맥도날드 로고의 단순화 과정

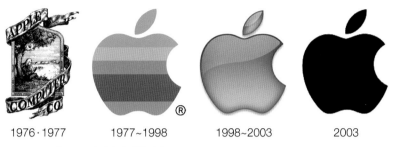

1976·1977	1977~1998	1998~2003	2003

그림 3-7 애플 로고의 디자인 변천 과정

다양한 주제의 단순화

다음 그림은 '테마 여행'이라는 주제로 자유롭게 아이디어 스케치를 한 예이다. 주제와 키워드를 선정하고 콘셉트에 맞는 요소를 레이아웃한 것으로 시각적 소스를 단순화하여 표현했다.

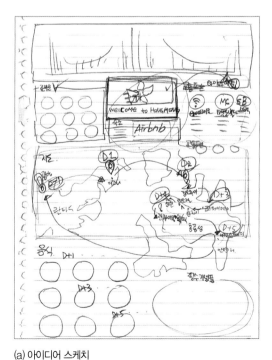

(a) 아이디어 스케치

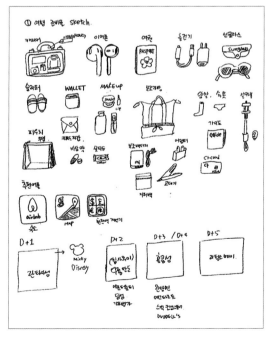

(b) 단순화

그림 3-8 '테마 여행'에 대한 아이디어 스케치

다음 그림은 '제주도 한 달 살기'라는 주제로 리서치한 이미지를 포함하여 아이디어 스케치를 하고 인포그래픽 디자인으로 단순화한 경우이다. 사진을 보면서 스케치를 할 때는 특징을 잘 반영하여 표현해야 한다.

(a) 아이디어 스케치

(b) 인포그래픽 디자인으로 단순화

그림 3-9 '제주도 한 달 살기'에 대한 인포그래픽 디자인 아이디어 스케치

다음 그림은 실생활에서 많이 볼 수 있는 재활용품을 이용한 에코 패키지의 아이디어 스케치로, 기존의 에코 패키지를 직접 펼쳐보고 그 구조를 이해한 후 스케치했다. 아이디어는 있는데 표현력이 부족하다고 느낀다면 이처럼 비슷한 실물을 직접 관찰하는 것도 좋은 방법이다.

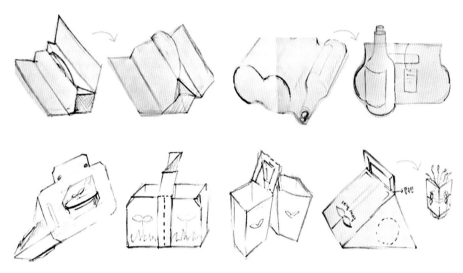

그림 3-10 **에코 패키지 아이디어 스케치**

사용자 페르소나 작성법

이어지는 실습의 이해를 돕기 위해 대학교 강의실에 있는 일체형 책상(의자)의 문제 개선을 예로 가상의 사용자(컴퓨터공학을 전공하고 책과 노트북 등의 짐을 많이 가지고 다니며 키가 크고 패션에 민감한 20대 여대생)에 대한 페르소나 작성법을 살펴보자.

Tip 페르소나는 사용자를 대표하는 가상의 인물이나 모형을 말한다.

제목	대학교 강의실 일체형 책상(의자)의 문제 개선을 위한 사용자 페르소나 작성 및 아이디어 스케치	
페르소나		**아이디어 스케치**
이름	사용자 이미지	
제니		
성별	나이	
여	22세	
거주 지역	전공	
서울	컴퓨터공학	
취미	성격	
• 화장품 모으기 • 운동하기 • 동아리 활동 하기 • 음악 듣기 • 독서하기	• 낙천적인 성격이다. • 세심한 성격으로 친구의 고민을 잘 들어준다. • 남을 많이 의식하는 편이다. • 시작한 일은 끝까지 해내는 편이다.	
행동/버릇	라이프스타일(일상)	
• 운동을 좋아하며 늘 텀블러를 들고 다니면서 물을 많이 마신다. • 음악 듣는 것을 좋아하여 이어폰을 자주 꽂고 있다. • 메모하는 습관이 있다.	• 취미로 악기를 배우러 다닌다. • 패션에 관심이 많고 커피를 즐겨 마신다. • 다양한 분야에 관심이 많아 교양 수업을 많이 듣는다. • 노트북, 책, 가방 등의 짐이 늘 많다.	

Tip 아이디어 스케치를 할 때 섬세하게 잘 그릴 필요는 없으며 간단히 형태만 그려도 무방하다. 형태를 잘 모르는 경우 관련 이미지를 보고 따라 그리는 것도 방법이다.

실습 과제 3-10 | 문제 개선을 위한 사용자 페르소나 작성 및 아이디어 스케치

날개가 있는 선풍기의 문제를 개선하기 위해 사용자 페르소나를 작성하고 아이디어 스케치를 해보자.

제목	문제 개선을 위한 사용자 페르소나 작성 및 아이디어 스케치				
주제	날개가 있는 선풍기				
이름		학번		일자	
사용자					
문제점					
해결점					

페르소나	
이름	**사용자 이미지**
성별	**나이**
거주 지역	**전공**
취미	**성격**
행동/버릇	**라이프스타일(일상)**

아이디어 발표 및 마무리

아이디어 발표 및 마무리는 아이디어 결과물을 사용자에게 이해하기 쉽게 설명하고 피드백을 받는 과정이다. 디자인 씽킹 프로세스의 5단계인 아이디어 발표 및 마무리에 대해 알아본다.

1. 아이디어 발표 및 마무리의 의미와 필요성

아이디어 발표 및 마무리는 디자인 씽킹에서 아이디어 결과물을 사용자와 공유하는 단계로, 표현물의 평가를 바탕으로 피드백을 제공한다. 창의적 아이디어 표현에서 발표presentation는 자신이 만든 아이디어 결과물을 사용자에게 이해하기 쉽게 설명하는 것을 말하며, 이때 단어 선택에 주의하면서 콘셉트를 논리적으로 설명해야 한다. 또한 주제를 선정한 목적과 의도를 명확히 밝히고 아이디어 발상 과정에 대한 설명을 더한다면 사용자의 이해를 돕는 데 도움이 된다. 아이디어 결과물을 발표하는 것은 능동적으로 참여하는 계기가 되며, 발표하는 과정에서 아이디어 결과물에 대한 자신감을 가지게 된다.

발표가 끝난 후에는 아이디어를 공유한 팀원들과 함께 토론과 피드백을 진행한다. 토론을 할 때는 상대를 배려하고 존중하는 마음을 가지며, 피드백을 할 때는 적절한 형식을 갖추어 자신의 생각을 논리적으로 전달해야 한다. 피드백의 경우 결과물을 보고 느낀 점을 토대로 종이에 작성하거나 구두로 설명하고, 피드백을 받은 사람은 필요한 내용을 적어두었다가 이를 반영하여 수정 및 보완 작업을 한다.

아이디어 발표 및 마무리 단계의 목적은 문제를 발견하고 표현한 과정을 논리적으로 설명하고 피드백을 얻는 것이다. 최종 아이디어가 도출된 과정을 발표하고 서로 피드백을 주고받아 수정·보완함으로써 완성도 높은 결과물을 만들어낼 수 있다.

2. 아이디어 발표 과정

자신감 있게 결과물을 논리적으로 설명하기 위해서는 콘셉트에 대한 완벽한 이해를 바탕으로 시각적 표현이 일치되어야 하며, 이러한 발표는 결과물을 돋보이게 해준다. 다음 그림은 창의적 아이디어 문제 해결 과정을 예로 한 발표 항목을 보여준다.

1. 주제 선정
2. 작업 과정
   2-1. 주제 관련 기본 정보(개요)
   2-2. 콘셉트 도출(주제, 목적, 페르소나 전략)
   2-3. 이미지 조사(결과물 제작을 위해 벤치마킹할 만한 이미지 조사)
   2-4. 아이디어 스케치
   2-5. 시안 작업 및 제작 과정
3. 최종 결과물
4. 토론과 피드백

그림 3-11 **발표 자료 목차의 예**

주제 선정

다음 그림은 주제를 선정하기 위해 마인드맵을 활용한 예이다. '생활용품'이라는 중심어에 수많은 가지를
연결하고 그중에서 '재활용, 불, 빛, 양초' 등을 핵심 키워드로 선정했다.

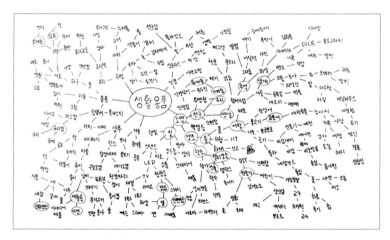

그림 3-12 **주제 선정을 위한 마인드맵의 예**

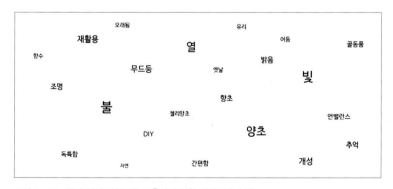

그림 3-13 **주제 관련 키워드를 도출하기 위한 마인드맵의 예**

작업 과정

아이디어 스케치를 할 때 주제(생활용품)와 핵심 키워드(재활용, 불, 빛, 양초 등)를 결합하여 콘셉트를 도출할 수 있다. 콘셉트에는 창의적 아이디어 표현의 기획 의도가 담겨 있어야 하며, 기획→키워드→콘셉트→디자인 시안 순으로 워크플로우workflow를 작성하면 기획 의도에 대한 이해도를 높일 수 있다.

Tip 워크플로우는 작업의 흐름 또는 과정을 말한다.

[기 획]	[키 워 드]	[컨 셉]	[시 안]
1. 기획 의도 **1-1 사라져 가는 사물: 백열전구** 예전에는 많이 이용했지만, 현재는 형광등과 LED 조명으로 주로 **대체되어 더 이상은 필요로 하지 않는 백열전구**를 재활용하여 필요이상의 새로운 제품으로 탄생시키고자 함. **1-2 백열전구 소재: 속이 투명한 유리** 속이 투명한 유리로 이루어진 백열전구는 깨끗하고 청정의 이미지를 주며, 휴대성과 편리함, 심미성을 더하고자 함.	**/ 전구 어항** 투명함, 깨끗함, 유리, 자연적, 청정, 휴대성, 인테리어 소품, 독특함, 선물, 장식, 금붕어, 물, 자갈, 해초, etc	**/ 전구 어항** 타겟: 관상용 물고기를 키우고 있는 사람들 혹은 인테리어 장식 소품으로 어항을 놓고자 하는 사람들. – 추억의 물건인 전구의 형태를 그대로 보여주어 친근한 느낌을 연출했으며, 인테리어 소품과 어항으로서의 기능으로 합목적성을 가지며 실용성과 경제성 또한 모두 갖추고자 함.	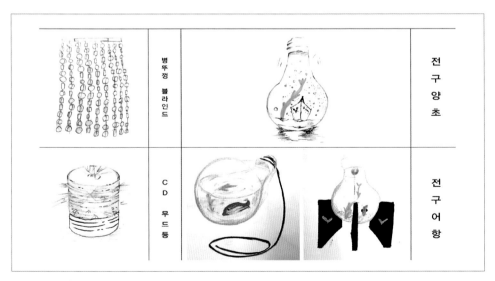
2. 기대 효과 **2-1 전구 어항** 작고 가벼운 전구 속에 물을 채우고, 물고기를 넣고 아기자기하게 꾸며 실용성과 심미성을 더한 전구 어항을 만들어 선물용이나 친환경적인 느낌이 드는 제품을 만듦. **2-2 전구 양초** 전구 속에 아기자기한 어항으로 꾸민 후에 젤리양초를 담아 양초로 만듦. 빛을 켜는 전구와 불을 켜는 양초가 언밸런스하게 어우러짐. 심미적이면서 실용성있고 담고있는 의미가 있어 획기적이며 친환경적, 경제적임.	**/ 전구 양초** 조명, 무드등, 어둠, 밝음, 빛, 불, 열, 향초, 양초, 생활 용품, DIY 만들기, 간편함, 개성, 독특함, 언밸런스, etc	**/ 전구 양초** 타겟: 아기자기한 디자인을 좋아하는 사람들과 개성있는 인테리어 소품을 추구하는 사람들. – 불을 켜는 양초와 빛을 켜는 전구의 언밸런스한 점을 담아 획기적이면서도 독특하고, 개성있는 디자인으로 실용성과 합목적성을 더하고 휴대성, 심미성, 경제성 모두 지니고자 함.	

그림 3-14 **워크플로우의 예**

병뚜껑 블라인드		전구 양초
C D 무드 등		전구 어항

그림 3-15 **아이디어 스케치의 예**

아이디어 스케치를 마치고 나면 제작하는 데 필요한 재료를 선정한다. 입체물의 경우 재료뿐만 아니라 구조를 파악해야 하고, 컴퓨터 작업의 경우 그래픽 프로그램을 활용할 수 있어야 한다.

그림 3-16 **시안 작업 및 제작 과정의 예**

최종 결과물

완성된 최종 결과물을 다양하게 연출하여 발표 자료에 사용한다.

그림 3-17 **최종 결과물의 예**

토론과 피드백

최종 결과물을 직접 사용해보거나 주변 사람들에게 사용 후 피드백을 해달라고 하는 것이 좋다. 피드백을 받을 때는 장단점, 불필요한 점 등을 자세히 기록하며, 문제점 개선을 위해 토론 질문지를 이용하는 것도 하나의 방법이다. 이러한 자료를 바탕으로 수정·보완을 거쳐 완성도 높은 결과물을 만들어낼 수 있다.

디자인 씽킹의 대표적 사례

소비자의 문제(니즈)를 정확히 파악하고 창의적으로 해결함으로써 기업의 가치까지 상승시킨 예로 LG전자의 트롬 스타일러를 꼽을 수 있다. 트롬 스타일러는 '매일 빨 수 없는 옷, 매일 씻어 입자'라는 창의적 발상의 전환으로 탄생한 의류 관리기이다. 기업에서의 디자인 씽킹은 문제 분석 – 아이디어 도출 – 현장에서의 사용자 경험 관찰 – 프로토타입 제작 – 반복적 테스트 및 수정 등의 과정을 거치며, 소비자의 테스트를 통해 제품을 더욱 발전시킨다.

그림 3-18 LG전자의 트롬 스타일러

핵심 정리

1 창의적 아이디어 표현을 위한 디자인 씽킹 프로세스

- **1단계:** 공감(문제 발견)
- **2단계:** 정의(문제 해석)
- **3단계:** 창의적 아이디어 발상
- **4단계:** 창의적 아이디어 표현
- **5단계:** 아이디어 발표 및 마무리

2 공감(문제 발견)

- 공감은 문제에 접근하기 위해 사용자를 관찰하여 요구 사항을 파악하는 문제 발견의 과정이다.

3 정의(문제 해석)

- 정의는 공감 단계에서 얻은 통찰로 문제를 이해하고 해석하는 수렴적 사고의 단계로, 진짜 문제가 무엇인지 찾고 문제 해결을 위한 방향을 정하며 해결해야 할 문제가 무엇인지 깊이 있게 생각해볼 수 있다.

4 창의적 아이디어 발상

- 창의적 아이디어 발상은 창의적 아이디어 표현의 결과물을 만들기 위해 여러 가지 자료를 관찰하고 분석하여 사용자가 원하는 방향으로 해결책을 만드는 과정이다.

5 창의적 아이디어 표현

- 창의적 아이디어 표현은 다양한 아이디어 발상 기법을 통해 얻은 아이디어를 시각적으로 표현하는 것을 말한다.

6 아이디어 발표 및 마무리

- 아이디어 발표 및 마무리는 디자인 씽킹에서 아이디어 결과물을 사용자와 공유하는 단계로, 표현물의 평가를 바탕으로 피드백을 제공한다. 발표를 할 때 주제를 선정한 목적과 의도를 명확히 밝히고 아이디어 발상 과정에 대한 설명을 더한다면 사용자의 이해를 돕는 데 도움이 된다.

PART
02

창의적 아이디어
발상 기법

확산적 사고 기법과 수렴적 사고 기법

학습 목표

- 창의적 아이디어 발상 기법과 필요 요건을 이해할 수 있다.
- 확산적 사고 기법을 이해하고 실행할 수 있다.
- 수렴적 사고 기법을 이해하고 실행할 수 있다.

창의적 아이디어 발상 기법의 개요

아이디어의 정의를 이해하고 창의적인 아이디어 발상의 필요 요건을 알아본다.

1. 창의적 아이디어 발상 기법의 이해

아이디어의 정의

아이디어의 사전적 정의는 '어떤 일에 대한 구상, 고안, 생각, 착상'이며, 일반적으로 어떤 주제에 대한 새로운 생각 또는 다른 사람들이 생각하지 못하는 독창적인 생각을 말한다. 아이디어의 발상은 논리적·계획적으로 이루어지기보다는 순간적으로 떠오르거나 상상을 펼치는 과정에서 이루어지는 경우가 많다.

창의력
새로운 것을 생각해내는 능력

상상력
실제로 경험하지 않은 현상이나 사물을 마음속으로 그려보는 힘

아이디어
어떤 일에 대한 구상

변화: 사람과 제품을 변화시킴
차별화: 남들과 다른 차별성이 있음
혁신: 완전히 새롭게 바꿈

그림 4-1 **창의력, 상상력, 아이디어의 개념**

창의적 아이디어는 남들이 생각하는 것과 다른 차별화된 아이디어이다. 또한 디자인 관점에서의 창의적 아이디어는 제품이나 사람을 변화시키거나 혁신하는 것이 목적이다.

창의적 아이디어 발상 기법

창의적 아이디어 발상 기법은 자유로운 생각을 통해 수많은 아이디어를 나열하고 체계적으로 분류하는 방법을 말한다. 수많은 아이디어를 주제에 맞게 분류하고 체계화하면 창의적 아이디어를 구체화할 수 있다.

다양한 아이디어 발상 기법 가운데 생활 속에서 적용할 수 있는 방법을 먼저 살펴보자. 이는 비교적 쉬운

일상생활에서 창의적 아이디어를 얻는 방법

- 아이디어가 잘 떠오르는 자신만의 장소에서 생각할 시간을 갖는다.
- 주변에 있는 글자를 이미지로 바꾸어본다. 이때 특징을 살려 표현하는 것이 중요하다.
- '토끼가 말을 한다면?'과 같은 황당한 생각을 해보는 것도 좋다.
- '바퀴는 꼭 둥근 모양이어야 하나?'와 같이 사소한 것도 다르게 생각해본다.
- 사물에 새로운 단어를 연결하면 아이디어가 떠오를 수도 있다.
- 머릿속에 있는 생각을 모두 적거나 그려서 자신만의 노트를 만들어보는 것도 한 방법이다.

그림 4-2 **일상생활에서 아이디어를 얻는 다양한 방법**

방법이지만 처음에는 관련 단어를 나열하는 것도 어렵게 느껴질 수 있다. 그러나 반복하다 보면 단어의 양과 질이 달라질 것이다. 생활 속에서 아이디어를 발견하는 다음 방법 중 자신에게 맞는 것을 반복적으로 연습하면 창의적 아이디어를 도출하는 습관을 자연스럽게 기를 수 있다.

- 서점이나 도서관에서 책을 읽으며 아이디어를 얻는다.
- 처음 가보는 여행지에서의 경험을 통해 아이디어를 얻는다.
- 자신의 업무와 관련된 사람들이나 전혀 연관성이 없는 직업을 가진 사람들과 대화를 나누며 아이디어를 얻는다.
- 운동이나 목욕 등으로 몸을 편안하게 한 상태에서 아이디어를 얻는다.
- 눈에 보이는 사물 중에서 서로 관련 없는 것들을 연결하여 이야기를 만들면서 아이디어를 얻는다.

2. 창의적 아이디어 발상의 요건

창의적 아이디어는 혼자서도 생각해낼 수 있지만 협업이나 협동 작업을 하는 경우 여러 사람이 함께 창의적 아이디어를 발상해야 한다. 혼자서의 창의적 아이디어 발상과 여러 사람의 창의적 아이디어 발상에 필요한 요건을 알아보자.

생활 속 아이디어를 바탕으로 창업한 사례

생활 속에서 얻은 아이디어를 바탕으로 2007년 창업한 에어비앤비^{Airbnb}는 숙박 공유 및 여행, 체험, 관련 서비스를 제공하는 플랫폼이다. 에어비앤비는 '공간'과 '여행자'라는 키워드를 가지고 그 나라, 그 지역의 독특한 경험을 제공한다는 콘셉트로 탄생되었다.

미국 샌프란시스코의 아파트에서 함께 살았던 조 게비아, 브라이언 체스키, 네이선 블레차르치크는 돈이 필요하여 집 안의 남는 공간을 다른 사람에게 빌려주었는데 이것이 에어비앤비의 시작이다. 이들은 식당을 소개하고 근방을 구경시켜준 것이 좋은 반응을 얻자 이러한 경험에 착안하여 여행자에게 빈 집이나 빈 방을 빌려주는 숙박 공유 웹사이트를 개설하게 되었다. 현재 에어비앤비는 사업 범위를 확장하여 현지 가이드를 연결해주는 로컬 가이드 서비스, 현지인의 파티·결혼식·직장생활 등을 체험하는 서비스도 제공하고 있다.

그림 4-3 **에어비앤비**

혼자서 하는 창의적 아이디어 발상의 요건

- 주변 환경과 사물에 대해 의문을 제기한다.

- 다양한 시도나 경험에 도전한다.

- 많이 상상해보고 자신의 생각을 잘 표현한다.

- 문제 상황에 적극적으로 대처하고 적절한 방법을 찾아 해결한다.

- 고정관념에서 벗어나 다양한 관점에서 해결책을 찾는다.

협업 또는 협동 작업 시 창의적 아이디어 발상의 요건

- **커뮤니케이션(소통):** 사람들 사이의 이해 폭을 넓히고 타인과의 다름을 인정한다.

- **지식과 경험:** 창의적 아이디어 발상에는 관련 분야에 대한 많은 지식과 경험이 필요하다.

- **수용과 적용:** 다른 분야의 것도 융통성 있게 받아들이고 적절히 적용하는 능력이 필요하다.

- **자신의 장단점:** 자신이 잘하는 것, 가장 자신 있어 하는 것, 자신에게 부족한 것 등을 파악한다.

- **남다른 관찰력과 상상력:** 한 가지만 관찰하고 분석하기보다는 다각도의 관찰력과 자유로운 상상력이 필요하다.

아이디어를 발전시키는 방법

창의적 아이디어 발상은 작은 아이디어에서 시작하여 점차 발전시켜 나가는 방식으로 이루어지며 통찰력, 다각도의 관점, 아이디어 발견 과정의 반복이 필요하다.

통찰력	다각도의 관점	아이디어 발견 과정의 반복
문제를 발견하기 전에 상황을 종합적으로 판단하는 통찰력	아이디어를 구체화하고 실현하기 위한 다방면에서의 관찰과 분석	더 빨리 생각하고 더 많이 도출하는 과정

그림 4-4 **아이디어를 발전시키는 방법**

3. 확산적 사고와 수렴적 사고

일반적으로 사고 기법은 확산적 사고와 수렴적 사고로 구분되며, 확산적 사고와 수렴적 사고가 융합적으로 일어나는 것을 융합적 사고라고 한다. 확장적 사고를 통해 다양한 아이디어를 도출하고, 수렴적 사고를 통해 아이디어를 분석하고 정교화하여 최종 아이디어를 선정할 수 있다. 문제를 해결하기 위한 사고 과정에서 확산적 사고와 수렴적 사고 중 어느 한쪽에 치우치는 것이 아니라 융합적으로 일어날 때 창의적이고 독창적인 아이디어를 도출할 수 있다.

확산적 사고　　　　　**수렴적 사고**

(다양하게 확장된 사고)　　(한 가지로 정리된 사고)

그림 4-5 **확산적 사고와 수렴적 사고**

창의적 아이디어 산출물을 얻으려면 주어진 문제에 융합적 사고로 접근해야 한다. 그러기 위해 다양한 아이디어 발상법과 그 실행 과정을 이해한 후 실습을 통해 자신에게 적합한 기법이 무엇인지 알아보자.

확산적 사고 기법

문제 해결 과정에서 정보를 광범위하게 탐색하고 상상력을 발휘하여 다양한 해결책을 모색하는 확산적 사고 기법과 그 실행 과정을 알아본다.

문제 해결 과정에서 다양한 해결책을 모색하는 확산적 사고 기법을 이용하면 정답이 정해지지 않은 문제에 대한 창의적 아이디어를 도출할 수 있다. 여기서는 대표적인 확산적 사고 기법인 마인드 맵mind map, 속성 열거법attributes listing, 강제 연결법forced connection, 스캠퍼SCAMPER를 자세히 살펴보자.

1. 마인드맵

창의적으로 문제를 해결하려면 다른 차원의 사고방식이 필요하며, 마인드맵에서는 여러 방향으로 광범위하게 사고하는 확산적 사고가 중요하다. 마인드맵은 주제를 중심으로 관련 키워드를 나뭇가지가 뻗어나가듯 주가지와 부가지의 형태로 나타내는 기법이다. 이때 색, 상징 기호, 부호 등을 활용하여 키워드를 자유롭게 표현하며, 단순히 키워드를 나열하는 것이 아니라 그것들의 연관성을 발견하여 조직화하는 것이 중요하다. 따라서 마인드맵은 사고의 흐름을 한눈에 파악할 수 있는 시각화 기법이다.

표 4-1 **시각화 기법의 장단점**

구분	설명
장점	• 언어적 형태의 기억보다 시각적 형태의 기억이 오래 지속된다. • 정보를 단순화하여 제시할 수 있다.
단점	• 아이디어를 시각화하는 것이 쉽지 않기 때문에 많은 연습이 필요하다. • 단순화를 지속하다 보면 아이디어를 세분화하는 데 어려움을 겪을 수도 있다.

우리의 뇌는 글자보다 이미지를 더 빨리 받아들이므로 아이디어를 시각화하는 마인드맵은 효과적인 발상 기법이다. 마인드맵을 반복해서 연습하면 갇혀 있는 사고를 확장하는 데 도움이 되며, 글자에 이미지를 추가하여 나열함으로써 기억의 저장과 회상 능력을 높일 수 있다.

마인드맵의 프로세스

1단계		2단계		3단계		4단계		5단계		6단계
주제 정하기	⇒	중심 이미지 (주제) 그리기	⇒	주가지 (핵심 키워드) 그리기	⇒	부가지 그리기 (확장)	⇒	세부 가지 그리기 (확장 및 보충)	⇒	완성 및 구체화하기

그림 4-6 **마인드맵의 프로세스**

❶ 주제 정하기

마인드맵으로 나타내고자 하는 주제를 정한다.

❷ 중심 이미지(주제) 그리기

마인드맵에서는 중심 이미지, 즉 주제를 중심으로 사고의 흐름에 따라 가지가 뻗어나간다. 중심이 되는 위치에 주제를 나타내는 이미지(단어)를 다양한 색으로 표현한다. 그림을 잘 그리지 못하더라도 이미지로 표현하는 것이 좋다.

어린이를 위한 놀이 기구

그림 4-7 **중심 이미지 그리기**

❸ 주가지(핵심 키워드) 그리기

주가지는 중심 이미지에서 뻗어나가는 가지로 굵은 선이나 색깔로 강조해서 표현하며, 주제와 가장 연관성이 높은 핵심 키워드를 나열하고 시각적인 효과를 더한다. 핵심 키워드는 주제를 대신할 수 있을 만큼 밀접한 관련이 있으며 소주제로도 사용될 수 있다.

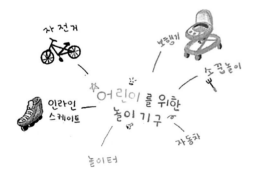

그림 4-8 **주가지 그리기**

❹ 부가지 그리기(확장)

주가지에서 확산되는 부가지에는 주가지에 대한 설명이나 세부적인 내용을 넣는다. 단어가 떠오르지 않거나 더 확장하고 싶으면 빈 가지만 그려도 된다. 한 단어에 3분 이상 할애하지 않고 생각이 떠오르면 그때 적는다.

그림 4-9 **부가지 그리기**

❺ 세부 가지 그리기(확장 및 보충)

부가지를 더 자세히 보충하는 세부 가지를 그릴 때 많은 단어를 나열하다 보면 자칫 주제에서 벗어날 수도 있으니 주의한다.

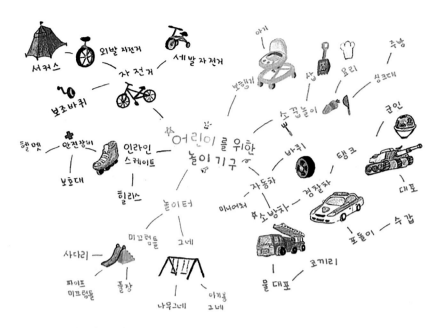

그림 4-10 세부 가지 그리기

❻ 완성 및 구체화하기

마인드맵을 수정·보완하여 완성한다.

그림 4-11 완성 및 구체화하기

이렇게 완성된 마인드맵의 단어들을 결합하거나 추출하여 아이디어를 구체화할 수 있다. 마인드맵은 정형화된 구조가 없기 때문에 단어를 강조하거나, 단어를 세분화하여 결합하거나, 단어를 이미지로 단순화하는 방법 등을 잘 활용하면 기억력과 창의성을 키우는 데 도움이 된다.

 여기서 잠깐! | ## 협업을 위한 마인드맵 도구

- **마인드마이스터**[MindMeister]: 가장 인기 있는 마인드맵 프로그램으로, 중심 개념을 입력한 다음 [Tab] 키를 누르면 가지가 생성되므로 아주 쉽게 마인드맵을 만들 수 있다. 마인드마이스터의 장점은 다음과 같다.
- 모든 맵이 안전하게 클라우드에 저장된다.
- 완성된 맵은 프레젠테이션 모드를 이용하여 온라인으로 업로드하고 라이브 방송 등 슬라이드 쇼로 변환할 수 있다.
- 맵 편집기의 채팅 기능을 이용하여 내·외부 사람들과 마인드맵을 공유하고 피드백을 할 수 있다.

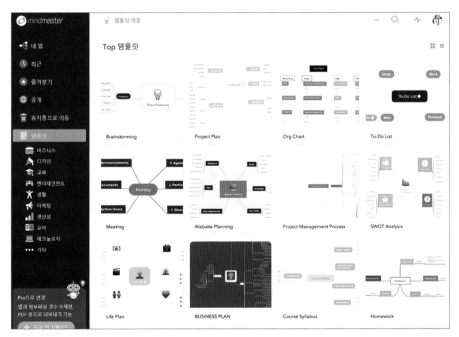

그림 4-12 **마인드마이스터**

- **싱크와이즈**[ThinkWise PQ]: 발상(매핑)과 실행(플래너)을 연결해주는 프로그램으로, 아이디어 도출과 일정 관리를 동시에 할 수 있어 회사 업무나 회의에 주로 사용된다. 싱크와이즈의 장점은 다음과 같다.

- 시각적 매핑을 이용하여 프로젝트 진행 일정 및 절차를 관리할 수 있다.
- 구글 캘린더와 드라이브를 통해 동기화가 가능하다.

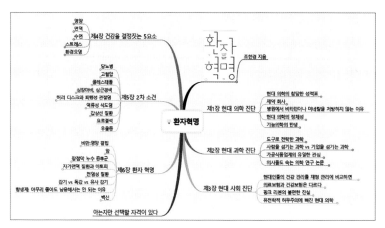

그림 4-13 **싱크와이즈**

| 마인드맵으로 일상생활 표현하기

일주일 동안의 일상생활을 마인드맵으로 표현해보자. 다음 실습지에 '나의 일주일'이라는 주제를 중심으로 핵심 키워드(월요일~일요일)에 세부 가지를 그린다. 핵심 키워드를 도출할 때는 주제와 깊이 관련된 단어를 10개 정도 열거한 후 그중에서 가장 밀접한 관련이 있는 것을 3~5개 고른다.

제목	마인드맵으로 일상생활 표현하기				
주제	나는 일주일 동안 어떻게 지내는가?				
이름		학번		일자	

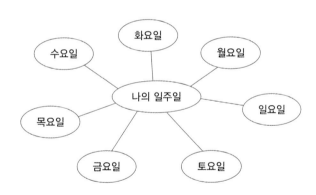

핵심 키워드	

마인드맵으로 자기 자신 표현하기

'나'를 주제로 마인드맵을 실습해보자. 나의 장점, 단점, 취미, 특기 등을 핵심 키워드로 하여 세부 가지를 그린다.

제목	마인드맵으로 자기 자신 표현하기				
주제	나는 누구인가?				
이름		학번		일자	

나(이름)

핵심 키워드	

'자전거'라는 주제를 마인드맵에 적용하여 아이디어를 구체화하는 실습을 해보자. 주제와 핵심 키워드를 다양하게 결합하여 아이디어 콘셉트를 완성한다. 예를 들어 '자전거+여자가 타는+바구니가 있는+예쁜'을 결합하면 '여자가 타기 좋은 활용도 높은 자전거'가 된다.

제목	마인드맵으로 자전거 표현하기				
주제	자전거				
이름		학번		일자	

자전거

아이디어 콘셉트	

실습 과제 4-4 │ 도출된 콘셉트의 최적 아이디어 선정하기

[실습 과제 4-3]에서 도출한 콘셉트를 분석하여 문제점을 파악하고 해결 방안을 찾아 최적 아이디어를 선정해보자.

제목	도출된 콘셉트의 최종 아이디어 선정하기				
주제	여자가 타기 좋은 활용도 높은 자전거				
이름		학번		일자	
특징					
불편한 점					
해결 방안					
최적 아이디어					

2. 속성 열거법

속성 열거법은 대상의 속성을 상세히 나열하는 기법으로, 대상의 용도를 변화시키거나 새로운 아이디어를 얻기 위해 대상의 특성을 세세히 관찰하고 세분화하는 것이 관건이다. 대상의 속성을 세분화하려면 대상에 대한 외적·내적 관찰이 필요하며, 일반적인 세 가지 속성, 즉 소재, 특성, 성능에 따라 세분화한다. 소재는 대상의 전체 재료와 특정 부분의 재료를, 특성은 모양과 같은 고유한 성질을 말하며, 대상의 고유한 특성은 형용사로 표현해도 된다. 또한 성능은 대상의 성질과 기능을 비롯해 기술적인 부분을 관찰하여 얻은 정보를 말한다. 이러한 속성 열거법의 특징은 다음과 같다.

• 대상의 다양한 특성 중 하나를 선택하여 변화를 줌으로써 새로운 아이디어를 얻을 수 있다.

• 선택된 아이디어를 체계적으로 정리·분석하면 아이디어를 수정·확대·축소·대체하는 데 도움이 된다.

• 도표나 형식을 통해 분석하고 검토하는 형태 분석법을 이용하여 대상의 용도를 변화시킴으로써 아이디어를 얻을 수 있다.

Tip 형태 분석법은 기계 공학 분야에서 자주 사용되는 문제 해결 방법으로, 형태 분석표를 작성하여 속성을 결합해봄으로써 해결책을 찾는다.

속성 열거법을 처음 접한다면 일상생활에서 쉽게 볼 수 있는 대상을 선정하여 연습해보는 것이 좋다. 한 예로 마우스에 속성 열거법을 적용하여 관찰해보자.

표 4-2 **마우스에 대한 속성 열거법**

세부 속성	설명
소재	• 전체 재료: 플라스틱 • 부분 재료: 고무
특성	• 형태: 매끄러움, 소형, 모서리가 둥근 곡선형, 동그란 돌출형 휠 • 색상: 검은색, 회색 등 다양함
성능	• 성질: 가벼움, 핸디형 • 기능: 마우스의 휠을 움직여 커서 이동, 버튼을 눌러 선택

위와 같은 세부 속성을 결합하거나 변화를 주면 다양한 아이디어를 얻을 수 있다.

표 4-3 **마우스의 세부 속성에 변화를 주는 방법**

세부 속성	세부 속성의 변화
소재	• 전체 재료: 플라스틱→천, 종이, 유리 등 • 부분 재료: 고무→금속
특성	• 형태: 둥근 모서리→넓적함→세울 수 없음 • 색상: 검은색, 회색 등의 무채색→노란색 등의 유채색
성능	• 성질: 핸디형→초소형 신소재 사용 • 기능: 버튼을 누름→특정 소리로 대체/접히지 않음→접을 수 있도록 얇게 만듦

다음은 독창적인 스마트폰을 개발하기 위해 세부 속성을 파악한 후 세부 속성에 변화를 주어 아이디어를 도출한 사례이다.

표 4-4 **접히는 스마트폰에 대한 속성 열거법**

세부 속성	설명	세부 속성의 변화
소재	• 전체 재료: 플라스틱, 금속 등 • 부분 재료: 금속, 유리 등	• 전체 재료: 플라스틱, 금속 등→천, 종이, 고무, 최첨단 신소재 등 • 부분 재료: 금속, 유리 등→고무, 종이 등
특성	• 형태: 매끄러움, 모서리가 둥근 곡선형, 사각형 • 색상: 검은색	• 형태: 둥근 모서리→넓적함→2개의 화면→접을 수 있음 • 색상: 검은색→빨간색
성능	• 성질: 핸디형 • 기능: 화면 터치	• 성질: 핸디형→신소재를 사용하여 가벼운 초소형으로 제작 • 기능: 누를 수 있음→특정 소리로 대체
아이디어	모서리가 둥근 사각형+금속 재질+2개의 화면+신소재를 사용하여 얇고 접을 수 있음+새로운 형태의 스마트폰	

그림 4-14 **접히는 스마트폰**

이렇게 새로운 아이디어를 도출하면 제품으로 구현하기 위한 계획을 세울 수 있다. 그러나 초보자는 속성을 결합하는 과정에서 발생하는 복잡한 문제를 명료화하는 데 어려움을 겪기도 한다. 이럴 때는 흔히 볼 수 있는 제품을 세분화하고 관찰하는 연습을 하면 도움이 된다. 비현실적이거나 평범한 아이디어라도 속성을 결합하는 과정 중에 창의적 아이디어로 이어질 수 있으므로 제품을 다각도로 분석하는 데 초점을 둔다.

속성 열거법의 프로세스

1단계		2단계		3단계		4단계		5단계
대상 선정하기	⇨	대상 기술하기	⇨	대상 분석하기	⇨	개선 사항 검토하기	⇨	최적 아이디어 선정하기

그림 4-15 **속성 열거법의 프로세스**

❶ 대상 선정하기

창의적 아이디어 발상의 소재, 즉 대상을 선정한다. 여기서는 새로운 화장품 용기를 개발하기 위해 화장품 용기를 대상으로 속성 열거법을 적용해보자.

❷ 대상 기술하기

화장품 용기의 불편한 점을 열거한다(주관적인 관점도 상관없다).

• 바닥에 남아 있는 화장품을 모두 사용할 수 없다.

• 펌핑기의 길이나 두께를 조절할 수 없다.

❸ 대상 분석하기

새로운 화장품 용기를 개발하려는 동기나 목적을 밝히고 화장품 용기의 세부 속성을 열거한다.

• **목적**: 바닥에 남아 있는 화장품을 모두 사용할 수 있도록 화장품 용기를 변형한다.

• **소재**: 플라스틱, 유리

• **특성**: 위쪽은 두께가 얇음, 대·중·소 크기, 투명한 색상

• **성능**: 손으로 잡기 쉬운 형태, 펌핑기를 누르면 화장품이 나옴, 뚜껑이 열림

❹ 개선 사항 검토하기

열거한 속성 중에서 개선해야 할 부분을 집중적으로 검토하여 개선 가능한 속성을 추출하고 그것을 대체하는 방법을 연구한다. 이때 목적에 따라 개선 방향을 설정한다.

• 펌핑기의 길이를 조절할 수 있는 화장품 용기를 개발한다.

• 펌핑기의 길이를 조절하는 방법을 연구한다.

• 바닥에 남아 있는 화장품을 모두 사용할 수 있는 방법을 연구한다.

❺ 최적 아이디어 선정하기

개선 사항 중에서 최적 아이디어를 선정하고 구체화 방안을 평가한다.

• 펌핑기의 길이를 조절할 수 있게 만든다.

텀블러에 대한 속성 열거법

텀블러를 대상으로 속성 열거법을 실습해보자. 예를 들어 립스틱의 경우 '색깔이 있음, 바를 수 있음, 주로 여자가 사용함, 휴대하기 간편함, 크기가 작음' 등을 속성으로 열거할 수 있다.

제목	텀블러에 대한 속성 열거법				
주제	텀블러				
이름		학번		일자	
대상					
속성					

실습 과제 4-6 | 의자에 대한 속성 열거법

새로운 의자를 만들기 위해 속성 열거법을 적용해보자. 의자의 세부 속성을 관찰하고 그것을 변화시키거나 결합하면 새로운 아이디어를 도출할 수 있다.

제목	의자에 대한 속성 열거법				
주제	새로운 의자 만들기				
이름		학번		일자	
대상 선정하기					
대상 기술하기					
대상 분석하기	소재				
	특성				
	성능				
최적 아이디어 선정하기					

3. 강제 연결법

강제 연결법은 신제품을 개발할 때 많이 사용되는 사고 기법으로, 관련이 없는 것들을 억지로 연결해봄으로써 아이디어를 얻는다. 사람들은 익숙한 방식으로 생각하고 행동하는데, 이렇게 되면 새로운 것을 추구하는 경향이 줄어든다. 그러므로 서로 관련이 없어 보이는 사물이나 아이디어를 억지로 결합하여 다양한 관점에서 바라보게 하는 것이다. 예를 들어 신발과 바퀴는 서로 관련이 없어 보이지만 둘을 결합하면 '신발+바퀴=바퀴 달린 신발'이라는 아이디어를 이끌어낼 수 있다.

그림 4-16 **바퀴 달린 신발 힐리스**

강제 연결법을 사용할 때 속성 열거법과 같이 세부 속성을 열거한 후 그중에서 관련이 없는 속성을 연결해 보는 것도 좋다. 이처럼 관련이 없을 것 같은 두 대상을 강제로 연결하여 관련성을 찾는 데에는 유추 능력이 중요한 역할을 한다. 평소에 관련성을 발견하는 연습을 많이 하면 신선한 아이디어를 발상하는 데 도움이 될 것이다.

강제 연결법은 다음과 같은 특징을 가지고 있다.

- 연령층에 제한 없이 직장이나 학교에서 활용할 수 있다.
- 새로운 방식으로 생각하고 관찰하는 활동을 중심으로 한다.
- 많은 지식이 없어도 단어를 열거하여 결합함으로써 창의적 아이디어 발상이 가능하다.
- 기발한 아이디어로 발명을 하거나 특허를 얻는 데 도움이 된다.

강제 연결법의 프로세스

1단계		2단계		3단계		4단계		5단계		6단계
대상 결정하기	⇨	대상의 특징 열거하기	⇨	관련 없는 대상의 특징 열거하기	⇨	강제 연결하기	⇨	아이디어 선정하기	⇨	아이디어 구체화하기

그림 4-17 **강제 연결법의 프로세스**

❶ 대상 결정하기

개선하거나 새로 개발해야 할 대상을 결정한다. 여기서는 신모델 자동차를 개발하기 위해 강제 연결법을 적용해보자.

❷ 대상의 특징 열거하기

자동차의 특징을 열거한다.

• 좌석이 시트로 되어 있다.

• 창문에 와이퍼가 달려 있다.

• 창문이 유리로 되어 있다.

❸ 관련 없는 대상의 특징 열거하기

자동차와 관련이 없는 대상의 특징을 열거한다. 여기서는 관련이 없는 대상으로 양파를 선정하여 특징을 열거했다.

• 여러 겹으로 되어 있다.

• 독특한 냄새가 난다.

• 가까이하면 눈물이 난다.

❹ 강제 연결하기

❷와 ❸의 특징을 강제로 연결하여 다양한 아이디어를 도출한다.

• 좌석이 시트로 되어 있다. + 여러 겹으로 되어 있다. → 일회용 시트

• 나만의 자동차 + 독특한 냄새가 난다. → 자신만의 향기가 나는 자동차

• 창문이 유리로 되어 있다. + 가까이하면 눈물이 난다. → 빗방울이 맺히지 않는 유리

❺ 아이디어 선정하기

최적 아이디어로 비 오는 날 빗방울이 맺히지 않는 유리를 선정한다.

❻ 아이디어 구체화하기

기초 스케치 작업을 통해 아이디어를 구체화하고 표현 단계의 준비를 한다.

강제 연결법 적용 예

강제 연결법으로 독창적인 아이디어를 얻어 제품으로 구현한 사례를 살펴보자.

그림 4-18 **루빅큐브＋휴대용 스피커＝조립이 가능한 휴대용 스피커**

그림 4-19 **가방＋킥보드＝마이크로 러기지**

그림 4-20 **USB＋튤립＝향기가 나는 USB**

그림 4-21 **책＋카페＝북카페**

강제 연결법을 활용하여 아이디어 도출하기 I

손전등과 애견 리드줄에 강제 연결법을 적용해보자. 손전등과 애견 리드줄의 특징을 열거한 후 각각의 특징을 강제로 결합하여 아이디어를 도출한다.

제목	강제 연결법을 활용하여 아이디어 도출하기 I				
주제	손전등과 애견 리드줄의 특징을 결합하여 아이디어 도출하기				
이름		학번		일자	
대상 결정하기					
대상의 특징 열거하기	손전등				
	애견 리드줄				
강제 연결하기					
아이디어 선정하기					

강제 연결법을 활용하여 아이디어 도출하기 II

자전거와 컵에 강제 연결법을 적용해보자. 자전거와 컵의 특징을 열거한 후 각각의 특징을 강제로 결합하여 아이디어를 도출한다.

제목	강제 연결법을 활용하여 아이디어 도출하기 II				
주제	자전거와 컵의 특징을 결합하여 아이디어 도출하기				
이름		학번		일자	
대상 결정하기					
대상의 특징 열거하기	자전거				
	컵				
강제 연결하기					
아이디어 선정하기					

4. 스캠퍼

제품의 품질을 개선하거나 새로운 용도의 제품을 개발하는 데 사용되는 스캠퍼는 알렉스 오스본의 체크리스트 기법에서 중요한 항목만을 골라 만든 것이다. SCAMPER라는 명칭은 Substitute(대체하기), Combine(결합하기), Adapt(적용하기), Magnify or Modify(수정하기), Put to other uses(용도 변경하기), Eliminate(제거하기), Rearrange or Reverse(재정리하기)의 머리글자에서 따온 것이며, 각 항목의 방법을 적용하여 아이디어를 얻는다. 창의적인 아이디어는 순간적으로 떠오르는 경우가 많은데 스캠퍼를 이용하면 이를 재빨리 기록할 수 있다.

표 4-5 **스캠퍼의 정의**

S	Substitute	대체하기(다른 것으로 대체할 수 있을까?)
C	Combine	결합하기(다른 요소와 결합하면 어떨까?)
A	Adapt	적용하기(다른 조건과 목적에 맞출 수 있을까?)
M	Magnify or Modify	수정하기(수정·확대·축소하면 어떨까?)
P	Put to other uses	용도 변경하기(다른 용도로 변경하면 어떨까?)
E	Eliminate	제거하기(이 요소를 제거하면 어떨까?)
R	Rearrange or Reverse	재정리하기(반대로 해보거나 재정리를 하면 어떨까?)

이처럼 일곱 가지 항목에 따라 아이디어를 도출하는 스캠퍼의 효과는 다음과 같다.

• 고려해야 하는 항목이 누락되는 것을 방지할 수 있다.

• 일곱 가지 유형에 따라 아이디어를 발상하므로 주제를 체계적·논리적으로 짚어볼 수 있다.

• 아이디어를 도출하고 무엇이 문제인지 가려낼 수 있다.

스캠퍼는 체크리스트 기법에서 일부 항목을 추출한 것이므로, 스캠퍼가 어렵게 느껴진다면 그보다 쉬운 체크리스트 기법을 이용해도 된다.

스캠퍼의 프로세스

스캠퍼를 시작하기에 앞서 주제와 관련된 정보를 수집해야 한다. 스캠퍼는 주제만 가지고 막연한 상태에서 아이디어를 내는 것이 아니라 주제와 관련된 항목을 미리 정리해놓고 하나씩 확인하면서 진행한다.

❶ 대체하기(S)

기존의 것을 다른 것으로 대체함으로써 새로운 시각으로 바라볼 수 있다.

• 빨대의 재질을 종이로 대체하면 어떨까?

• 그릇의 재질을 나무로 대체하면 어떨까?

❷ 결합하기(C)

두 가지 이상을 결합함으로써 새로운 것을 생각해낼 수 있다.

• 키보드와 마우스를 결합하면 어떨까?

• 선풍기와 공기청정기를 결합하면 어떨까?

❸ 적용하기(A)

다른 것의 조건이나 목적에 적용해봄으로써 새로운 것을 생각해낼 수 있다.

• 플라스틱 외의 소재로 만들어진 빨대가 있을까?

• 다른 키보드에서 어떤 아이디어를 차용할 수 있을까?

❹ 수정하기(M)

특성이나 모양을 수정·확대·축소함으로써 새로운 것을 생각해낼 수 있다.

• 마우스의 크기를 확대하면 어떨까?

• 공기청정기의 모양을 변형하면 어떨까?

❺ 용도 변경하기(P)

원래의 용도를 변경함으로써 새로운 것을 생각해낼 수 있다.

• 선풍기를 다른 용도로 바꿀 수 있을까?

• 다른 소재를 이용하여 빨대의 새로운 용도를 만들 수 있을까?

❻ 제거하기(E)

구성이나 기능을 제거함으로써 새로운 것을 생각해낼 수 있다.

• 키보드를 사용할 때 불필요한 것은 무엇인가?

• 선풍기에서 제거해야 할 것은 무엇인가?

❼ 재정리하기(R)

형태, 배치, 순서 등을 바꾸거나 재정리함으로써 새로운 것을 생각해낼 수 있다.

• 선풍기의 모양을 사각형으로 바꾸면 어떨까?

• 키보드의 배치를 바꾸면 어떨까?

스캠퍼 적용 예

주제: 자주 고장 나는 자동차 와이퍼	
대체하기(S)	재질이 다른 와이퍼로 대체할 수 있을까?
결합하기(C)	유리창과 와이퍼의 부품을 결합하면 어떨까?
적용하기(A)	다른 와이퍼에서 어떤 아이디어를 차용할 수 있을까?
수정하기(M)	와이퍼의 모양을 변경하면 어떨까?
용도 변경하기(P)	와이퍼를 다른 용도로 사용할 수 있을까?
제거하기(E)	와이퍼를 제거하면 어떨까?
재정리하기(R)	설계한 아이디어를 확인하여 재정리할 수 있을까?

이탈리아의 자동차 디자이너가 제네바 모터쇼에서 선보인 히드라^{Hydra}는 스캠퍼의 제거하기(E)를 적용하여 와이퍼를 없앰으로써 고장 난 와이퍼를 교체하는 번거로움을 해결한 콘셉트카이다. 와이퍼가 없는 대신 나노 기술과 공기 역학적 설계로 햇빛과 빗물을 반사하고 먼지를 가장자리로 밀어낸다.

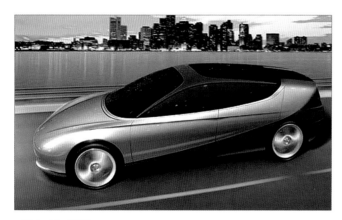

그림 4-22 히드라

주제: 강 위에서 운동하는 헬스클럽	
대체하기(S)	다른 장소로 대체할 수 있을까?
결합하기(C)	헬스클럽과 유람선을 결합하면 어떨까?
적용하기(A)	헬스클럽에 유람선의 형태를 적용하면 어떨까?
수정하기(M)	유람선을 달걀 모양으로 변경하면 어떨까?
용도 변경하기(P)	에너지를 다른 용도로 사용할 수 있을까?
제거하기(E)	운동 기구를 제거하거나 다른 것으로 바꿀 수 있을까?
재정리하기(R)	운동 에너지가 전기에너지로 바뀌도록 설계할 수 있을까?

강 위의 헬스클럽 리버짐RiverGym은 스캠퍼를 적용하여 헬스클럽과 유람선을 결합한 것이다. 리버짐은 이용자의 운동 에너지를 전기에너지로 바꾸어 사용하는데, 이는 스캠퍼의 재정리하기(R)를 통해 발상해낸 아이디어이다.

그림 4-23 **리버짐**

실습 과제 4-9 │ 스캠퍼를 활용하여 아이디어 도출하기 I

휴대하기 좋은 스피커를 만들기 위해 스캠퍼를 적용해보자. 먼저 스피커의 특징을 생각하면서 질문을 작성하며, 이 질문에 대한 답을 통해 아이디어를 도출할 수 있다.

제목	스캠퍼를 활용하여 아이디어 도출하기 I				
주제	휴대하기 좋은 스피커 만들기				
이름		학번		일자	
스캠퍼	질문		아이디어		
대체하기(S)					
결합하기(C)					
적용하기(A)					
수정하기(M)					
용도 변경하기(P)					
제거하기(E)					
재정리하기(R)					
최종 아이디어					

스캠퍼를 활용하여 아이디어 도출하기 II

여름에 쓰는 시원한 모자를 만들기 위해 스캠퍼를 적용해보자. 모자를 쓰는 사람의 직업이나 외부 환경(날씨, 장소 등)의 영향에 따라 질문이 달라질 수 있다.

제목	스캠퍼를 활용하여 아이디어 도출하기 II				
주제	여름에 쓰는 시원한 모자 만들기				
이름		학번		일자	
스캠퍼	질문		아이디어		
대체하기(S)					
결합하기(C)					
적용하기(A)					
수정하기(M)					
용도 변경하기(P)					
제거하기(E)					
재정리하기(R)					
최종 아이디어					

수렴적 사고 기법

문제를 해결하기 위해 다양한 아이디어를 분석하여 최종적으로 가장 적합한 해결책을 선택하는 수렴적 사고 기법과 그 실행 과정을 알아본다.

모든 수렴적 사고 기법에서 특별히 강조하는 것은 긍정적인 판단이다. 수렴적 사고의 경우 대안의 강점이나 긍정적인 측면을 살펴보고, 단점을 버리기보다는 수정·보완하는 방법을 찾는 것이 중요하기 때문에 비판적인 사고보다는 긍정적인 사고가 뒷받침되어야 최적 아이디어가 도출될 수 있다. 여기서는 대표적인 수렴적 사고 기법인 PMI 기법$^{Plus-Minus-Interesting\ method}$, 하이라이팅^{highlighting}, 쌍 비교 분석법$^{Pared\ Comparison\ Analysis,\ PCA}$, KJ 기법$^{KJ\ method}$을 자세히 살펴보자.

1. PMI 기법

PMI 기법은 에드워드 드보노가 고안한 것으로, P^{Plus}는 아이디어의 장점을, M^{Minus}은 아이디어의 단점을, I^{Interesting}는 아이디어와 관련된 흥미로운 점을 의미한다. 즉 PMI 기법은 아이디어의 장점, 단점, 흥미로운 점에 대해 득과 실을 분석하여 최적 아이디어를 선택하는 사고 기법이다. 자신이 가지고 있는 편견이나 감정을 배제하고 문제를 살펴봄으로써 최선의 선택을 이끌어내므로 신제품을 개발할 때 여러 요인을 동시에 따져보는 데 적합하다.

PMI 기법은 팀을 이루어 이용할 것을 권장한다. 여러 사람의 의견을 모으는 협업 과정을 통해 최적 아이디어를 도출하는 것이 PMI 기법의 핵심 포인트이다.

• 팀의 리더는 팀원에게 주제의 배경을 설명하고 특징과 규칙을 이해시킨다.

• PMI 기법을 진행할 때는 각 단계에 해당하는 것에만 집중한다. 즉 장점을 찾을 때는 단점과 흥미로운 점에 대한 사고를 배제하도록 주의한다.

• 리더는 팀원이 주제에 집중할 수 있도록 진행하고, 팀원은 적극적인 자세로 참여한다.

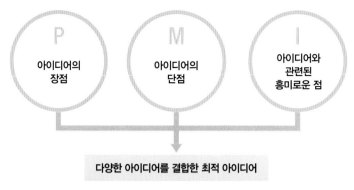

그림 4-24 PMI 기법

PMI 기법의 프로세스

1단계		2단계		3단계		4단계		5단계
주제 결정하기	➡	장점(P) 찾기	➡	단점(M) 찾기	➡	흥미로운 점(I) 찾기	➡	최적 아이디어 선택하기

그림 4-25 PMI 기법의 프로세스

❶ 주제 결정하기

해결하고자 하는 주제를 결정한다.

❷ 장점(P) 찾기

주제에 대해 장점과 함께 장점을 살리기 위한 보완점을 열거한다. 이 단계에서는 단점이나 흥미로운 점이 생각나더라도 주의가 흐트러지지 않도록 유의한다.

❸ 단점(M) 찾기

주제에 대해 단점을 열거한다. 이 단계에는 장점이나 흥미로운 점이 생각나더라도 주의가 흐트러지지 않도록 유의한다.

❹ 흥미로운 점(I) 찾기

주제에 대해 흥미로운 점을 열거하는데, 이때 창의적인 아이디어가 떠오르기도 한다. 이 단계에는 장점과 단점을 배제하고 흥미로운 부분만 생각한다.

❺ 최적 아이디어 선택하기

앞에서 제시된 의견을 평가하여 가장 적합한 아이디어를 선택한다. 이전 단계에서는 생각하지 못했는데 나중에 떠오른 아이디어가 있다면 추가로 작성하고 검토한다.

PMI 기법 적용 예

음식물 쓰레기의 부피를 줄여주고 냄새 없이 처리하는 음식물 쓰레기 처리기에 대해 PMI 기법을 적용해보자.

주제: 음식물 쓰레기 처리	
장점(P)	• 음식물 쓰레기에서 나오는 물기가 없어진다. • 음식물 쓰레기를 오래 두어도 냄새가 나지 않는다. • 음식물 쓰레기로 인한 세균 번식을 막을 수 있다. • 음식물 쓰레기를 버리러 나갈 필요가 없다.
단점(M)	• 음식물 쓰레기 처리기의 설치 및 유지 비용이 많이 든다. • 부피가 큰 음식물 쓰레기는 잘 분쇄되지 않으므로 잘라서 분쇄해야 한다. • 음식물 쓰레기를 분쇄하는 동안 소음이 발생한다. • 음식물 쓰레기 처리기가 공간을 많이 차지한다.
흥미로운 점(I)	• 음식물 쓰레기 처리기에 넣으면 안 되는 동물 뼈, 달걀 껍질, 복숭아씨 등을 분리수거하지 않고 버릴 수 있는 방법은 없을까? • 소음이 발생하지 않고 공간을 많이 차지하지 않게 하려면 음식물 쓰레기 처리기를 어떤 형태로 만들어야 할까? • 모든 음식물이 상하지 않는다면 음식물 쓰레기 처리기가 없어도 되지 않을까?
최적 아이디어	• 부피가 큰 음식물 쓰레기를 감량할 수 있는 형태를 고려한다. • 공간의 효율성을 고려하여 음식물 쓰레기 처리기의 형태를 최적화하는 방안을 고려한다. • 소음을 최소화하는 기술적 방안을 고려한다. • 음식물 쓰레기를 건조할 때 발생하는 악취를 최소화하는 기술적 방안을 고려한다. • 비용을 절감하기 위해 유지비를 최소화하는 경제적 방안을 고려한다.

실습 과제 4-11 | PMI 기법을 활용하여 아이디어 도출하기 I

최근 환경오염을 줄이기 위해 일회용 제품의 사용을 금지하여 유명 카페에서는 일회용 플라스틱 빨대를 종이 빨대로 대체했다. PMI 기법을 적용하여 종이 빨대의 장점, 단점, 흥미로운 점을 찾아보고 대체품에 대한 아이디어를 도출해보자.

제목	PMI 기법을 적용하여 아이디어 도출하기 I				
주제	종이 빨대를 대체할 수 있는 제품				
이름		학번		일자	
장점 (P)					
단점 (M)					
흥미로운 점 (I)					
최적 아이디어					

PMI 기법을 활용하여 아이디어 도출하기 II

PMI 기법을 적용하여 마트용 쇼핑카트의 장점, 단점, 흥미로운 점을 찾아보고 새로운 기능에 대한 아이디어를 도출해보자.

제목	**PMI 기법을 적용하여 아이디어 도출하기 II**				
주제	새로운 기능을 갖춘 마트용 쇼핑카트				
이름		학번		일자	
장점 (P)					
단점 (M)					
흥미로운 점 (I)					
최적 아이디어					

2. 하이라이팅

하이라이팅은 문제를 해결하기 위해 내놓은 아이디어 중에서 적절하다고 여겨지는 히트 아이디어를 선정한 후 서로 관련 있는 것끼리 분류하여 최적 아이디어를 선택하는 기법이다. 이때 서로 관련 있는 히트 아이디어를 함께 묶은 것을 적중 영역이라고 한다. 분류된 적중 영역을 검토하고 재진술하여 문제를 해결하는 데 가장 적합한 아이디어를 도출한다.

하이라이팅의 프로세스

1단계	2단계	3단계	4단계	5단계
아이디어 열거하기	히트 아이디어 선택하기	적중 영역별 분류하기	적중 영역 검토 및 재진술하기	최적 아이디어 선택하기

그림 4-26 **하이라이팅의 프로세스**

❶ 아이디어 열거하기

아이디어를 생각나는 대로 열거한다. 이때 아이디어에 번호를 매긴다. 여기서는 환경오염으로 인해 수많은 동물이 멸종될 위기에 처한 지금 이를 보호하기 위해 우리가 일상생활에서 실천할 수 있는 방법에 대한 아이디어를 열거해보자.

❷ 히트 아이디어 선택하기

열거한 아이디어 중에서 적절하다고 여겨지는 것들을 선택한다.

1. 쓰레기를 분리하여 배출하고 재활용에 앞장선다.
⋮
7. 에너지를 아낀다.
⋮
9. 자전거나 대중교통을 이용한다.
⋮
15. 물, 전기 등 모든 에너지를 절약한다.
⋮
22. 나무를 심고 가꾼다.
⋮
34. 모든 동식물을 소중히 생각한다.
35. 장바구니를 사용한다.
⋮
50. 환경을 사랑하는 마음을 가진다.

❸ 적중 영역별 분류하기

서로 관련 있는 아이디어를 묶고 적중 영역별로 아이디어 번호를 정리한다. 이때 적중 영역의 명칭은 묶인 아이디어를 대표하는 것으로 정한다.

적중 영역	사회적 측면	예술·미학적 측면	경제적 측면	비용적 측면
아이디어 번호	1, 9, 15	22, 34	7	7, 9, 35

❹ 적중 영역 검토 및 재진술하기

적중 영역을 검토하고 그 의미를 재진술한다.

❺ 최적 아이디어 선택하기

문제를 해결하는 데 가장 적합하다고 판단되는 최적 아이디어를 선택하여 해결책을 정리한다.

- 환경오염을 줄이기 위해 쓰레기 분리수거를 철저히 한다.
- 물을 절약하기 위해 물을 틀어놓은 채 설거지를 하거나 비누칠을 하지 않고 샤워 시간을 줄인다.
- 전기를 절약하기 위해 사용하지 않는 전기 제품의 플러그를 뽑아놓는다.
- 등산, 트레킹, 스킨스쿠버 등을 할 때 자연을 훼손하지 않도록 주의한다.
- 멸종 위기 동물을 지원하는 단체, 자연 비료 등에 관심을 가지고 모금에 참여하거나 봉사 활동을 한다.
- 야생 동물 보호 단체에 가입한다.

장애인을 위한 새로운 기능이 탑재된 휠체어를 만들기 위해 하이라이팅을 적용해보자. 장애인에게 필요한 기능을 생각해보고 아이디어를 열거한 후 히트 아이디어를 선택하여 적중 영역별로 분류한다.

제목	하이라이팅을 활용하여 아이디어 도출하기 I				
주제	장애인을 위한 새로운 기능이 탑재된 휠체어				
이름		학번		일자	
아이디어 열거하기					
히트 아이디어 선택하기					
적중 영역별 분류하기					
적중 영역 검토 및 재진술하기					
최적 아이디어 선택하기					

하이라이팅을 활용하여 아이디어 도출하기 II

척추 건강에 도움이 되도록 신발 안에 까는 맞춤 깔창을 만들기 위해 하이라이팅을 적용해보자. 아이디어를 열거할 때 이러한 제품을 찾는 소비자(몸의 균형을 맞추려는 사람, 키가 작은 사람, 평발인 사람, 오래 서 있는 직업 등)의 요구를 고려한다.

제목	하이라이팅을 활용하여 아이디어 도출하기 II				
주제	척추 건강을 위한 맞춤 깔창				
이름		학번		일자	
아이디어 열거하기					
히트 아이디어 선택하기					
적중 영역별 분류하기					
적중 영역 검토 및 재진술하기					
최적 아이디어 선택하기					

3. 쌍 비교 분석법

쌍 비교 분석법은 제안된 아이디어를 평가 기준에 따라 체계적으로 비교하여 중요도를 파악하는 기법이다. 모든 대안을 비교하여 상대적인 중요도에 따라 우선순위를 정할 수 있기 때문에 다양한 상황에서 우선순위를 결정할 때 유용하지만 시간과 노력이 많이 필요하다는 것이 단점이다. 또한 비교 행렬에 포함되지 않은 더 좋은 대안이 있을 수도 있고, 평가 기준에 따라 결과가 달라질 수도 있음을 유의해야 한다.

쌍 비교 분석법의 프로세스

1단계		2단계		3단계		4단계
아이디어 비교 행렬 만들기	⇒	아이디어 쌍 비교하기	⇒	아이디어 최종 점수 산출하기	⇒	아이디어 우선순위 정하기

그림 4-27 **쌍 비교 분석법의 프로세스**

청소기를 구입하기 위해 쌍 비교 분석법을 적용하여 청소기를 비교해보자. 비교할 청소기는 다음과 같으며 평가 기준은 편의성, 품질, 디자인, 무게이다. 여기서는 편의성>품질>디자인>무게 순으로 가중치를 부여했으며 가중치 총점은 1이다.

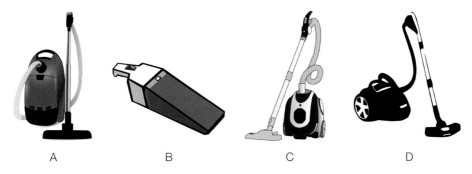

A   B   C   D

그림 4-28 **네 가지 청소기**

❶ 아이디어 비교 행렬 만들기

가로축에 평가 기준을, 세로축에 아이디어를 넣어 비교 행렬을 만든다. 여기서는 청소기를 비교하므로 세로축에 청소기를 넣었다.

구분	편의성(0.4)	품질(0.3)	디자인(0.2)	무게(0.1)	가중 점수 총점	순위
A						
B						
C						
D						

❷ 아이디어 쌍 비교하기

각각의 아이디어 쌍을 비교하여 아이디어(청소기)의 중요도에 따라 점수를 부여한다(3점: 중요도 높음, 2점: 중요도 보통, 1점: 중요도 낮음).

구분	편의성(0.4)	품질(0.3)	디자인(0.2)	무게(0.1)	가중 점수 총점	순위
A	2	1	2	3		
B	2	1	1	0		
C	1	3	2	3		
D	1	1	1	0		

❸ 아이디어 최종 점수 산출하기

각 평가 기준의 획득 점수와 가중치를 곱하여 가중 점수를 계산하고 이를 더하여 가중 점수의 총점을 구한다.

구분	편의성(0.4)	품질(0.3)	디자인(0.2)	무게(0.1)	가중 점수 총점	순위
A	0.8(2×0.4)	0.3(1×0.3)	0.4(2×0.2)	0.3(3×0.1)	1.8	
B	0.8(2×0.4)	0.3(1×0.3)	0.2(1×0.2)	0(0×0.1)	1.3	
C	0.4(1×0.4)	0.9(3×0.3)	0.4(2×0.2)	0.3(3×0.1)	2.0	
D	0.4(1×0.4)	0.3(1×0.3)	0.2(1×0.2)	0(0×0.1)	0.9	

❹ 아이디어 우선순위 정하기

가중 점수의 총점에 따라 아이디어(청소기)의 우선순위를 정한다.

구분	편의성(0.4)	품질(0.3)	디자인(0.2)	무게(0.1)	가중 점수 총점	순위
A	0.8	0.3	0.4	0.3	1.8	2
B	0.8	0.3	0.2	0	1.3	3
C	0.4	0.9	0.4	0.3	2.0	1
D	0.4	0.3	0.2	0	0.9	4

실습 과제 4-15 | 쌍 비교 분석법을 활용하여 제품 선택하기 I

스마트폰을 구입하기 위해 쌍 비교 분석법을 적용해보자. 시중에 나와 있는 스마트폰 4개를 선정하여 평가 기준(편의성, 품질, 디자인, 무게)에 따라 비교한다. 반드시 4개를 선정할 필요는 없으나 비교 대상이 너무 적으면 평가 결과가 부정확해지므로 3~4개가 적당하다.

제목	쌍 비교 분석법을 활용하여 제품 선택하기 I				
주제	스마트폰을 구입하기 위해 쌍 비교 분석법을 적용하여 최적의 스마트폰 선택하기				
이름		학번		일자	
비교 제품					

▶ 가중 점수(획득 점수×가중치)와 가중 점수의 총점을 계산한다.

구분	편의성(0.4)	품질(0.3)	디자인(0.2)	무게(0.1)	가중 점수 총점	순위

▶ 가중 점수의 총점에 따라 우선순위를 정한다.

구분	편의성(0.4)	품질(0.3)	디자인(0.2)	무게(0.1)	가중 점수 총점	순위

최종 제품 선정	

실습 과제 4-16 | 쌍 비교 분석법을 활용하여 제품 선택하기 II

세탁기를 구입하기 위해 쌍 비교 분석법을 적용해보자. 시중에 나와 있는 세탁기 4개를 선정하여 평가 기준(편의성, 품질, 디자인, 무게)에 따라 비교한다.

제목	쌍 비교 분석법을 활용하여 제품 선택하기 II					
주제	세탁기를 구입하기 위해 쌍 비교 분석법을 적용하여 최적의 세탁기 선택하기					
이름		학번		일자		
비교 제품						

▶ 가중 점수(획득 점수×가중치)와 가중 점수의 총점을 계산한다.

구분	편의성(0.4)	품질(0.3)	디자인(0.2)	무게(0.1)	가중 점수 총점	순위

▶ 가중 점수의 총점에 따라 우선순위를 정한다.

구분	편의성(0.4)	품질(0.3)	디자인(0.2)	무게(0.1)	가중 점수 총점	순위

최종 제품 선정	

4. KJ 기법

이를 개발한 가와기타 지로^{Kawagita Jiro}의 이름에서 명칭을 따온 KJ 기법은 문제에 대한 여러 사람의 아이디어를 정리해야 할 때 각자 자신의 아이디어를 모두 카드에 적고 그것을 그룹별로 분류하여 도식화·문장화함으로써 아이디어를 정리하는 수렴적 사고 기법이다. 여러 사람의 아이디어를 수집하므로 다양한 각도에서 아이디어가 제시되고, 체계적으로 아이디어를 구조화하기 때문에 문제점을 정확히 파악할 수 있다. 많은 아이디어가 있을 때 KJ 기법을 이용하면 좀 더 쉽게 정리하여 원하는 방향을 잡을 수 있을 것이다.

KJ 기법은 문제가 명확하지 않거나 고려해야 할 사항이 많을 때, 아이디어를 정리하고 싶을 때 주로 사용한다. 이 기법은 단계별로 아이디어를 수집하고 분류하여 그룹핑하는 과정에서 팀원의 의견을 수렴하는 것이 매우 중요하다. 의견 수렴이 제대로 이루어지지 않은 상태에서 다음 단계로 넘어가면 궁극적인 문제 해결 방향에서 벗어날 수 있으므로 의사 결정 및 합의가 절대적으로 요구된다.

KJ 기법의 프로세스

1단계	2단계	3단계	4단계	5단계	6단계	7단계
주제 선정 및 정보 수집하기	카드 만들기/ 펼쳐놓기	1차 그룹핑하기	표제 만들기	2차 그룹핑하기	공간 배치하기	도식화· 문장화하기

그림 4-29 **KJ 기법의 프로세스**

❶ 주제 선정 및 정보 수집하기

주제를 선정하고 통계 자료, 뉴스 기사, 연구 문헌, 브레인스토밍, 인터뷰 등의 관련 정보를 수집한다.

❷ 카드 만들기/펼쳐놓기

수집된 정보로 카드를 만든다. 메모지나 포스트잇을 카드로 사용하면 자유자재로 분류하기에 좋다. 카드 한 장에 한 가지 내용을 핵심 키워드로 요약하여 작성하며 인당 카드의 수를 제한하지 않는다.

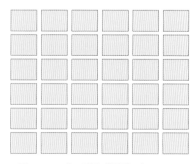

그림 4-30 **카드 만들기/펼쳐놓기**

❸ 1차 그룹핑하기

1차 그룹핑은 아이디어 카드를 일차적으로 조직화하는 과정이다. 여러 명이 작성한 아이디어 카드를 모아서 유사점이 있는 카드끼리 분류한다. 이때 유사점이 없는 카드를 무리하게 그룹에 포함하지 않고 별도로 분류한다.

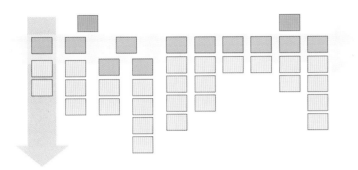

그림 4-31 **1차 그룹핑하기**

❹ 표제 만들기

1차 그룹핑으로 분류한 각 그룹의 표제를 만든다. 이 단계에서 메모지나 포스트잇, 필기구의 색깔로 각 그룹이 쉽게 구분되도록 정리한다.

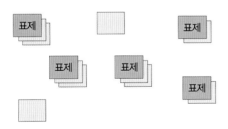

그림 4-32 **표제 만들기**

❺ 2차 그룹핑하기

표제 간의 연관성을 분석하여 그룹을 축소해나간다. 표제 A와 B가 연관성이 있다면 둘을 대표하는 새로운 표제 C를 만들고 아이디어 카드를 모아서 재정리한다. 그룹이 10개 이내가 될 때까지 이러한 작업을 진행한다.

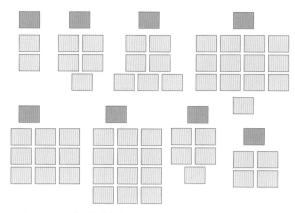

그림 4-33 **2차 그룹핑하기**

❻ 공간 배치하기

2차 그룹핑을 마친 아이디어 카드를 큰 종이에 붙여놓고 서로 간의 관계를 고려하여 재배치한다. 그룹의 표제와 카드의 의미를 고려하여 대그룹, 중그룹, 소그룹 순서로 재배치한다. 이 단계에서는 이것저것 움직여보면서 다양한 관점에서 생각해보는 것이 중요하다.

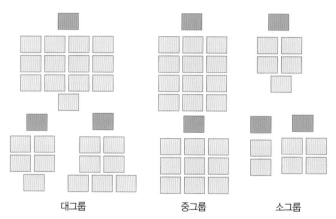

대그룹   중그룹   소그룹

그림 4-34 **공간 배치하기**

❼ 도식화·문장화하기

그룹의 표제와 카드의 의미를 도식화하거나 문장화하여 아이디어를 재정리한다. 이때 관계가 가까운 그룹은 같은 두께의 펜으로 연결하고 그룹 간의 관계를 화살표로 나타낸다(→ 인과관계, ↔ 상호관계, →← 대립관계, − 특별히 관련됨).

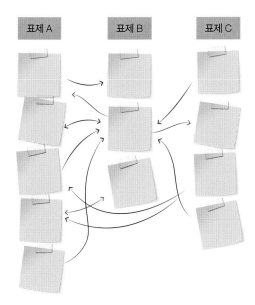

그림 4-35 **도식화하기**

KJ 기법을 활용하여 아이디어 도출하기

버스를 주제로 KJ 기법을 실습해보자. 버스에 대한 정보를 수집하고 이를 카드로 만들어 조직화하며, 최종적으로 선정된 아이디어를 한 문장으로 완성한다. 메모지나 포스트잇으로 카드를 만들고 다음 실습지에는 카드를 만들고 적용하기 위한 항목만을 적는다.

제목	**KJ 기법을 활용하여 아이디어 도출하기**				
주제	대중교통 수단으로 사용되는 버스				
이름		학번		일자	
정보 수집하기					
그룹핑하기					
도식화하기					
문장화하기					

핵심 정리

1 아이디어

- 아이디어의 사전적 정의는 '어떤 일에 대한 구상, 고안, 생각, 착상'이며, 일반적으로 어떤 주제에 대한 새로운 생각 또는 다른 사람들이 생각하지 못하는 독창적인 생각을 말한다.

2 창의적 아이디어 발상 기법

- 창의적 아이디어 발상 기법은 자유로운 생각을 통해 수많은 아이디어를 나열하고 체계적으로 분류하는 방법을 말한다. 수많은 아이디어를 주제에 맞게 분류하고 체계화하면 창의적 아이디어를 구체화할 수 있다.

3 협업 또는 협동 작업 시 창의적 아이디어 발상의 요건

- **커뮤니케이션(소통):** 사람들 사이의 이해 폭을 넓히고 타인과의 다름을 인정한다.
- **지식과 경험:** 창의적 아이디어 발상에는 관련 분야에 대한 많은 지식과 경험이 필요하다.
- **수용과 적용:** 다른 분야의 것도 융통성 있게 받아들이고 적절히 적용하는 능력이 필요하다.
- **자신의 장단점:** 자신이 잘하는 것, 가장 자신 있어 하는 것, 자신에게 부족한 것 등을 파악한다.
- **남다른 관찰력과 상상력:** 한 가지만 관찰하고 분석하기보다는 다각도의 관찰력과 자유로운 상상력이 필요하다.

4 확산적 사고 기법

- **마인드맵:** 주제를 중심으로 관련 키워드를 나뭇가지가 뻗어나가듯 주가지와 부가지의 형태로 나타내는 방법이다. 이때 색, 상징 기호, 부호 등을 활용하여 키워드를 자유롭게 표현하며, 단순히 키워드를 나열하는 것이 아니라 그것들의 연관성을 발견하여 조직화하는 것이 중요하다.
- **속성 열거법:** 대상의 속성, 즉 특성을 상세히 나열하는 기법으로, 대상의 용도를 변화시키거나 새로운 아이디어를 얻기 위해 대상의 특성을 세세히 관찰하고 세분화하는 것이 관건이다. 대상의 속성을 세분화하려면 대상에 대한 외적·내적 관찰이 필요하며, 일반적인 세 가지 속성, 즉 소재, 특성, 성능에 따라 세분화한다.
- **강제 연결법:** 관련이 없는 것들을 억지로 연결해봄으로써 아이디어를 얻는 기법으로 신제품을 개발할 때 많이 사용된다. 서로 관련이 없어 보이는 사물이나 아이디어를 억지로 결합하여 다양한 관점에서 바라보게 한다.
- **스캠퍼:** 체크리스트 기법에서 중요한 항목만을 골라 만든 것으로, 제품의 품질을 개선하거나 새로운 용도의 제품을 개발하는 데 사용된다. 대체하기(S), 결합하기(C), 적용하기(A), 수정하기(M), 용도 변경하기(P), 제거하기(E), 재정리하기(R)로 아이디어를 얻는다.

5 수렴적 사고 기법

- **PMI 기법**: P^{Plus}는 아이디어의 장점을, M^{Minus}은 아이디어의 단점을, $I^{Interesting}$는 아이디어와 관련된 흥미로운 점을 의미한다. 즉 PMI 기법은 아이디어의 장점, 단점, 흥미로운 점에 대해 득과 실을 분석하여 최적 아이디어를 선택하는 사고 기법이다.

- **하이라이팅**: 문제를 해결하기 위해 내놓은 아이디어 중에서 적절하다고 여겨지는 히트 아이디어를 선정한 후 서로 관련 있는 것끼리 분류하여 최적 아이디어를 선택하는 기법이다.

- **쌍 비교 분석법**: 제안된 아이디어를 평가 기준에 따라 체계적으로 비교하여 중요도를 파악하는 기법이다. 모든 대안을 비교하여 상대적인 중요도에 따라 우선순위를 정할 수 있기 때문에 다양한 상황에서 우선순위를 결정할 때 유용하다.

- **KJ 기법**: 문제에 대한 여러 사람의 아이디어를 정리해야 할 때 각자 자신의 아이디어를 모두 카드에 적고 그것을 그룹별로 분류하여 도식화·문장화함으로써 아이디어를 정리하는 기법이다.

융합적 사고 기법

학습 목표

- 융합적 사고의 개념을 이해할 수 있다.
- 융합적 사고 기법의 종류를 파악할 수 있다.
- 융합적 사고 기법을 이해하고 실행할 수 있다.

융합적 사고 기법의 개요

융합적 사고를 이해하고 융합적 사고 기법의 종류를 파악한다.

융합적 사고는 창의적·직관적 사고 중심의 확산적 사고, 분석적·논리적 사고 중심의 수렴적 사고가 상호 작용하여 이루어진다. 디자인 씽킹에서의 융합적 사고는 한 가지 사고에 치우치지 않고 확산적 사고와 수렴적 사고가 융합적으로 일어나는 사고이다.

확산적 사고 + 수렴적 사고 = 융합적 사고

그림 5-1 **융합적 사고**

융합적 사고 기법은 해결해야 할 문제에 따라 수렴적 사고 기법과 확산적 사고 기법을 적절히 융합한 것이다. 그러므로 앞 장에서 살펴본 수렴적 사고 기법과 확산적 사고 기법을 다시 한 번 짚고 넘어가기 위해 〈표 5-1〉에 요약하여 정리했다.

수렴적 사고 기법과 확산적 사고 기법을 바탕으로 융합적 사고 기법은 다음과 같이 세 가지로 구분할 수 있다.

• **M-HL 기법:** 마인드맵＋하이라이팅

• **M-SP 기법:** 마인드맵＋스캠퍼＋PMI 기법

• **M-AFKP 기법:** 마인드맵＋속성 열거법＋강제 연결법＋KJ 기법＋쌍 비교 분석법

Tip 융합적 사고 기법은 확산적 사고 기법 중에서도 마인드맵을 기본으로 사용한다.

표 5-1 확산적 사고 기법과 수렴적 사고 기법

사고 기법		설명
확산적 사고 기법	마인드맵	색, 상징 기호, 부호 등을 활용하여 주제를 중심으로 관련 키워드를 나뭇가지가 뻗어나가듯 주가지와 부가지의 형태로 표현하는 기법
	속성 열거법	대상의 일반적인 세 가지 속성, 즉 소재, 특성, 성능을 열거하고 속성에 변화를 주어 아이디어를 도출하는 기법
	강제 연결법	서로 관련이 없어 보이는 사물이나 아이디어를 억지로 결합하여 다양한 관점에서 바라보게 함으로써 아이디어를 도출하는 기법
	스캠퍼	대체하기(S), 결합하기(C), 적용하기(A), 수정하기(M), 용도 변경하기(P), 제거하기(E), 재정리하기(R)로 아이디어를 도출하는 기법
수렴적 사고 기법	PMI 기법	아이디어의 장점(P), 단점(M), 흥미로운 점(I)에 대해 득과 실을 분석하여 최적 아이디어를 선택하는 기법
	하이라이팅	문제를 해결하기 위해 내놓은 아이디어 중에서 적절하다고 여겨지는 히트 아이디어를 선정한 후 서로 관련 있는 것끼리 분류하여 최적 아이디어를 선택하는 기법
	쌍 비교 분석법	제안된 아이디어를 평가 기준에 따라 체계적으로 비교하여 상대적 우선순위를 정하는 기법
	KJ 기법	여러 사람의 아이디어를 정리해야 할 때 각자 자신의 아이디어를 모두 카드에 적고 그것을 그룹별로 분류하여 도식화·문장화함으로써 아이디어를 정리하는 기법

표 5-2 융합적 사고 기법

M-HL 기법	확산적 사고 기법+수렴적 사고 기법	마인드맵+하이라이팅
M-SP 기법	확산적 사고 기법+확산적 사고 기법+수렴적 사고 기법	마인드맵+스캠퍼+PMI 기법
M-AFKP 기법	확산적 사고 기법+확산적 사고 기법+확산적 사고 기법+수렴적 사고 기법+수렴적 사고 기법	마인드맵+속성 열거법+강제 연결법+쌍 비교 분석법+KJ 기법

융합적 사고 기법은 확산적 사고 기법으로 시작하여 논리적으로 분류하고 정리하는 수렴적 사고 기법으로 이어진다. 다음 절에서는 기초 단계와 응용 단계로 나누어 융합적 사고 기법을 실습해보자. 기초 단계에서는 아이디어 발상 기법의 기초로 포스트잇 기법을 이용하여 아이디어를 자유롭게 나열하고, 응용 단계에서는 M-HL 기법, M-SP 기법, M-AFKP 기법을 살펴본다.

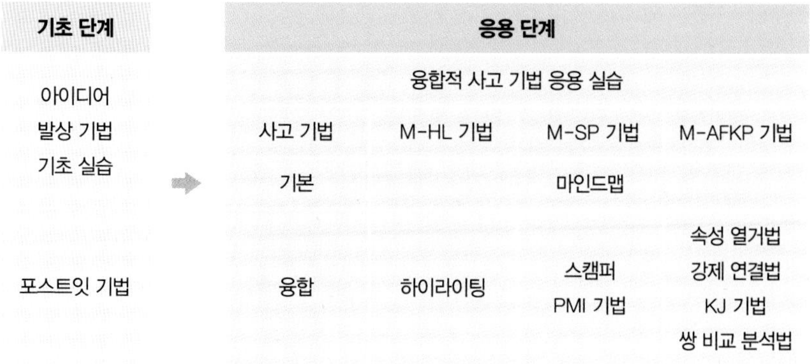

기초 단계	응용 단계			
	융합적 사고 기법 응용 실습			
아이디어 발상 기법 기초 실습	사고 기법	M-HL 기법	M-SP 기법	M-AFKP 기법
	기본		마인드맵	
포스트잇 기법	융합	하이라이팅	스캠퍼 PMI 기법	속성 열거법 강제 연결법 KJ 기법 쌍 비교 분석법

그림 5-2 **융합적 사고 기법 실습 모형**

융합적 사고 기법

융합적 사고 기법의 기초 단계인 포스트잇 기법과 응용 단계인 M-HL 기법, M-SP 기법, M-AFKP 기법을 알아본다.

1. 포스트잇 기법

포스트잇을 이용하는 기법으로 색깔에 따라 아이디어를 분류할 수 있다. 포스트잇 기법은 장소와 시간에 구애받지 않으며 아이디어를 확장하고 빨리 정리할 수 있기 때문에 아이디어 발상 기법의 기초 단계에 활용된다.

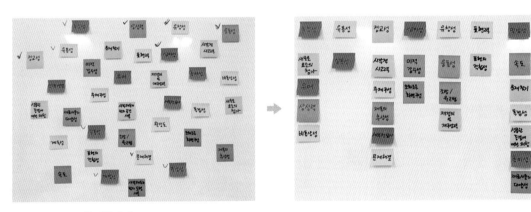

그림 5-3 **포스트잇 기법의 예**

포스트잇 기법의 프로세스

1단계	2단계	3단계	4단계
생각나는 단어와 이미지 자유롭게 작성하기	유사한 것끼리 분류하기	그룹핑· 라벨링하기	재배열하여 새로운 아이디어 만들기

그림 5-4 **포스트잇 기법의 프로세스**

❶ 생각나는 단어와 이미지 자유롭게 작성하기

떠오르는 모든 것을 멈추지 않고 작성한다. 생각이 나지 않으면 '나라면 어떻게 할까?', '입장을 바꿔보면 어떨까?' 등의 질문을 스스로 던져 생각을 끌어내는 것도 방법이다. 시간을 지체하지 않고 작성해야 한다.

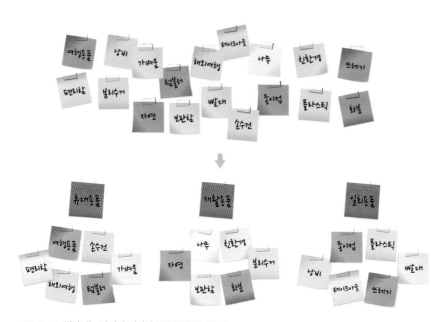

그림 5-5 **생각나는 단어와 이미지 자유롭게 작성하기**

❷ 유사한 것끼리 분류하기

자유롭게 작성한 단어와 이미지를 유사한 것끼리 분류한다. 포스트잇의 색깔을 이용하여 분류하거나, 포괄적인 의미를 지닌 단어를 고르고 그와 관련된 단어와 이미지를 묶는다.

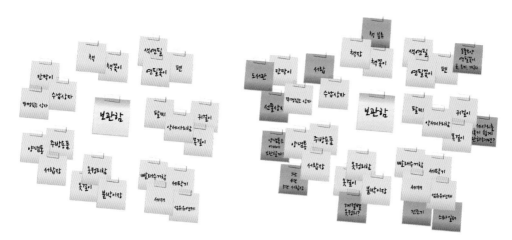

그림 5-6 **유사한 것끼리 분류하기**

❸ 그룹핑·라벨링하기

기준을 정해 분류하거나 관련된 것끼리 묶고 라벨링(색깔별로 모으기)을 한다. 이때 아이디어가 떠오르면 추가해도 된다. 정확히 구분해야 한다면 번호를 매기거나 그림을 넣는 것도 한 방법이다. 이렇게 그룹핑 및 라벨링한 것을 토대로 아이디어를 만드는데, 주제를 선정하여 적합한 아이디어를 만들어도 좋다.

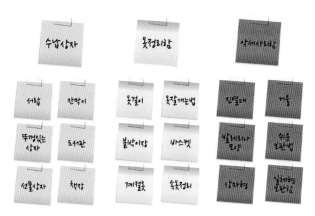

그림 5-7 **그룹핑·라벨링하기**

❹ 재배열하여 새로운 아이디어 만들기

포스트잇을 섞고 재배열하면서 새로운 아이디어를 만든다. 다양하게 주제를 바꾸어 재배열하면 확장된 사고를 할 수 있어 새로운 아이디어를 도출하는 데 도움이 된다.

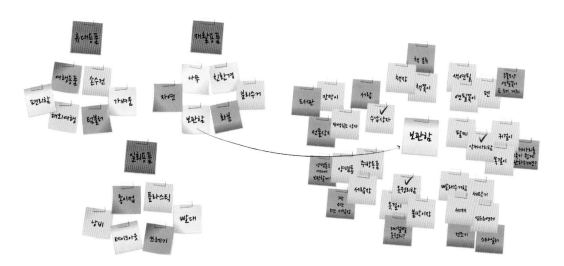

그림 5-8 **재배열하여 새로운 아이디어 만들기**

포스트잇 기법을 활용하여 아이디어 도출하기 I

여행을 주제로 포스트잇 기법을 적용해보자. 생각나는 단어나 이미지를 작성하고 유사한 것끼리 분류한 후 재배열하여 새로운 아이디어를 도출한다.

제목	포스트잇 기법을 활용하여 아이디어 도출하기 I				
주제	여행				
이름		학번		일자	
생각나는 단어와 이미지 자유롭게 작성하기					
유사한 것끼리 분류하기					
그룹핑· 라벨링하기					
재배열하여 새로운 아이디어 만들기					

실습 과제 5-2 | **포스트잇 기법을 활용하여 아이디어 도출하기 II**

주제를 자유롭게 정하여 포스트잇 기법을 적용하면 확산적 사고를 해볼 수 있다. 관심이 있는 것을 주제로 선정하여 포스트잇 기법을 실습해보자.

제목	포스트잇 기법을 활용하여 아이디어 도출하기 II				
주제	자유 주제				
이름		학번		일자	
생각나는 단어와 이미지 자유롭게 작성하기					
유사한 것끼리 분류하기					
그룹핑· 라벨링하기					
재배열하여 새로운 아이디어 만들기					

2. M-HL 기법

M-HL 기법은 마인드맵과 하이라이팅을 융합하여 창의적인 아이디어를 발상하는 기법이다. 다음 유의 사항을 지키면서 M-HL 기법을 실습해보자.

M-HL 기법의 유의 사항

■ 마인드맵의 유의 사항

- 중심 이미지에 굵은 가지를 연결한다.

- 문장보다는 단어로 작성한다.

- 각 가지의 키워드는 최대한 간결하게 작성한다.

- 생각이 나지 않는다고 멈추지 말고, 어떤 아이디어가 떠오르면 새로운 선을 그리고 이어나간다.

- 하나의 가지에 핵심 키워드를 1~2개만 작성한다.

- 중심에서 멀어질수록 가지를 가늘게 연결한다.

- 이미 적어놓은 것을 평가하거나 비판하지 않는다.

■ 하이라이팅의 유의 사항

- 아이디어를 낼 때는 실현 가능성을 배제하고 최대한 많은 아이디어를 낸다.

- 아이디어를 문장으로 작성하는 것이 좋다.

- 적중 영역이 2개 이상일 때 조합하여 하나의 해결책을 만들어나간다.

- 재진술하는 과정에서 문제점이 발견되면 수정하고 발전시켜 더 나은 해결책으로 정리한다.

M-HL 기법의 프로세스

그림 5-9 M-HL 기법의 프로세스

대학교 강의실에서 사용하는 일체형 책상의 구조 문제 개선을 예로 들어 M-HL 기법을 살펴보자.

■ 가지 그리고 핵심 키워드 도출하기

M-HL 기법의 1단계는 마인드맵을 활용하여 핵심 키워드를 도출하는 것이다. '의자'를 중심으로 가지를 뻗어나가 '책상', '바퀴'라는 부가지에서 '일체형 책상'이라는 키워드를 도출했다.

> **Tip** 주가지나 부가지에서 자유롭게 키워드를 도출해도 된다.

- **중심 이미지(주제) 그리기**: 중심이 되는 위치에 주제를 나타내는 이미지(단어)를 다양한 색깔로 표현한다.
- **주가지(핵심 키워드) 그리기**: 주가지는 중심 이미지에서 뻗어나가는 가지로 굵은 선이나 색깔로 강조해서 표현하며, 주제와 가장 연관성이 높은 핵심 키워드를 나열하고 시각적인 효과를 더한다.
- **부가지 그리기(확장)**: 주가지에서 확산되는 부가지에는 주가지에 대한 설명이나 세부적인 내용을 넣는다.
- **세부 가지 그리기(확장 및 보충)**: 부가지를 자세히 보충하는 세부 가지에는 글자나 그림 또는 글자와 그림을 혼합해서 사용해도 된다.
- **주제와의 연관성이 가장 높은 핵심 키워드 도출하기**

제목	**M-HL 기법 1단계: 가지 그리고 핵심 키워드 도출하기**

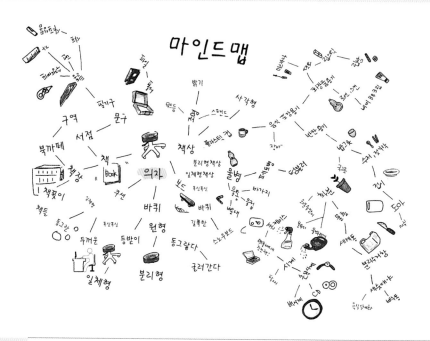

핵심 키워드	의자, 일체형 책상, 바퀴

❷ 아이디어 열거 및 히트 아이디어 선택하기

1단계에서 도출된 핵심 키워드에 하이라이팅을 적용하여 아이디어를 열거한다. 이때 아이디어에 번호를 매긴다. 그리고 아이디어 중에서 적절하다고 여겨지는 히트 아이디어를 선택한다.

제목	M-HL 기법 2단계: 아이디어 열거 및 히트 아이디어 선택하기
주제	대학교 강의실 일체형 책상의 구조 문제 개선하기
아이디어 열거하기	1. 책상과 의자의 거리를 조절하기 2. 물건이 바닥에 떨어졌을 때 손쉽게 주울 수 있게 하기 3. 강의실 안쪽에 앉았을 때 쉽게 나갈 수 있게 하기 4. 오래 앉아 있어도 편안한 의자 만들기 5. 노트북 콘센트를 연결할 수 있는 공간 만들기 6. 수업 목적에 맞게 배치할 수 있는 이동 의자 만들기 7. 가방이나 개인 물품을 놓을 수 있는 공간 확보하기 8. 높낮이가 자유로운 책상 만들기 9. 음료를 놓을 수 있는 공간 확보하기 10. 책상과 의자를 분리형으로 만들기 11. 책상 모서리를 둥글게 만들기 12. 책상과 의자의 소재 고려하기 13. 눈이 피로하지 않게 책상의 색상 고려하기 14. 소리가 나지 않는 바퀴 만들기 15. 등받이를 자유롭게 움직이는 의자 만들기
히트 아이디어 선택하기	2. 물건이 바닥에 떨어졌을 때 손쉽게 주울 수 있게 하기 5. 노트북 콘센트를 연결할 수 있는 공간 만들기 6. 수업 목적에 맞게 배치할 수 있는 이동 의자 만들기 7. 가방이나 개인 물품을 놓을 수 있는 공간 확보하기 9. 음료를 놓을 수 있는 공간 확보하기 10. 책상과 의자를 분리형으로 만들기 14. 소리가 나지 않는 바퀴 만들기

❸ 적중 영역별 분류하기

히트 아이디어를 적중 영역별로 분류한다. 일체형 책상의 구조 문제 개선에 대한 히트 아이디어를 기능적, 경제적, 예술·미학적 측면으로 분류한다.

제목	M-HL 기법 3단계: 적중 영역별 분류하기		
주제	대학교 강의실 일체형 책상의 구조 문제 개선하기		
적중 영역별 분류하기	기능적 측면	경제적 측면	예술·미학적 측면
	2. 물건이 바닥에 떨어졌을 때 손쉽게 주울 수 있게 하기 6. 수업 목적에 맞게 배치할 수 있는 이동 의자 만들기	5. 노트북 콘센트를 연결할 수 있는 공간 만들기 14. 소리가 나지 않는 바퀴 만들기	7. 가방이나 개인 물품을 놓을 수 있는 공간 확보하기 9. 음료를 놓을 수 있는 공간 확보하기

❹ 적중 영역 검토 및 재진술하기

적중 영역을 검토하고 그 의미를 재진술한다. 재진술할 때 가장 적합하다고 판단되는 문제 해결책을 정리한다.

제목	M-HL 기법 4단계: 적중 영역 검토 및 재진술하기
주제	대학교 강의실 일체형 책상의 구조 문제 개선하기
적중 영역 검토 및 재진술하기	일체형 책상의 구조 문제를 개선하기 위해 기능적 측면에서는 물건이 바닥에 떨어졌을 때 쉽게 주울 수 있고 수업 목적에 맞게 배치가 가능한 이동 의자를 만든다. 경제적 측면에서는 노트북의 콘센트를 연결할 수 있게 하고, 예술·미학적 측면에서는 가방이나 개인 물품, 음료를 놓을 수 있는 공간을 만든다.

❺ 최종 아이디어 다듬기

제목	M-HL 기법 5단계: 최종 아이디어 다듬기
주제	대학교 강의실 일체형 책상의 구조 문제 개선하기
최종 아이디어 다듬기	강의실 일체형 책상의 구조 문제를 개선하기 위해 수납 공간과 콘센트가 장착된 이동식 일체형 책상을 제작한다.

주제를 자유롭게 선정하여 M-HL 기법을 적용해보자. 먼저 마인드맵으로 핵심 키워드를 찾은 후 하이라이팅을 활용하여 히트 아이디어를 선택하고 분류 및 재진술 과정을 거쳐 최종 아이디어를 도출한다.

제목	M-HL 기법 1단계: 가지 그리고 핵심 키워드 도출하기				
주제					
이름		학번		일자	

자유 주제

마인드맵

핵심 키워드	

제목	M-HL 기법 2단계: 아이디어 열거 및 히트 아이디어 선택하기				
주제					
이름		학번		일자	

아이디어 열거하기	
히트 아이디어 선택하기	

제목	M-HL 기법 3단계: 적중 영역별 분류하기
주제	

이름		학번		일자	

적중 영역별 분류하기	

제목	M-HL 기법 4단계: 적중 영역 검토 및 재진술하기
주제	

이름		학번		일자	

적중 영역 검토 및 재진술하기	

제목	M-HL 기법 5단계: 최종 아이디어 다듬기				
주제					
이름		학번		일자	
핵심 키워드					
콘셉트					
아이디어 열거하기					
히트 아이디어 선택하기					
최종 아이디어 다듬기					

3. M-SP 기법

M-SP 기법은 마인드맵과 스캠퍼, PMI 기법을 융합하여 창의적인 아이디어를 발상하는 기법이다. 다음 유의 사항을 지키면서 M-SP 기법을 실습해보자.

M-SP 기법의 유의 사항

■ 스캠퍼의 유의 사항

• 스캠퍼 활동지를 작성할 때 포함되지 않는 유형의 질문은 생략해도 된다.

• 공감되지 않는 아이디어라도 비판하거나 부정하지 않고 받아들인다.

• 일차적으로 나온 아이디어를 다른 아이디어와 결합하여 사고의 범위를 확장해나간다.

■ PMI 기법의 유의 사항

• PMI 기법을 진행할 때는 각 단계에 해당하는 것에만 집중한다.

• 팀 활동을 권장하며, 여러 사람의 의견을 모으는 협업 과정을 거친다.

• 팀의 리더는 팀원에게 주제의 배경을 설명하고 특징과 규칙을 이해시킨다.

> **Tip** 마인드맵의 유의 사항은 M-HL 기법을 참고하라.

M-SP 기법의 프로세스

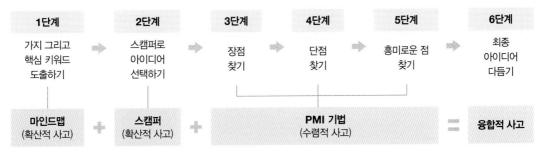

그림 5-10 **M-SP 기법의 프로세스**

스마트하게 여행 짐 싸는 방법을 예로 들어 M-SP 기법을 살펴보자.

❶ 가지 그리고 핵심 키워드 도출하기

M-SP 기법의 1단계는 마인드맵을 활용하여 핵심 키워드를 도출하는 것이다. '여행'을 중심으로 가지를 뻗어나가 '짐'이라는 부가지에서 '캐리어'라는 키워드를 도출했다.

Tip 주가지나 부가지에서 자유롭게 키워드를 도출해도 된다.

제목	M-SP 기법 1단계: 가지 그리고 핵심 키워드 도출하기

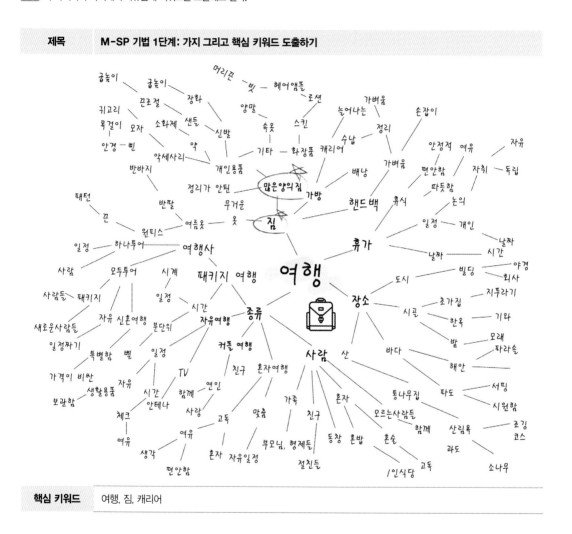

핵심 키워드	여행, 짐, 캐리어

❷ 스캠퍼로 아이디어 선택하기

스캠퍼의 대체하기(S), 결합하기(C), 적용하기(A), 수정하기(M), 용도 변경하기(P), 제거하기(E), 재정리하기(R)를 활용하여 아이디어를 열거하고 최적 아이디어를 선택한다.

제목	M-SP 기법 2단계: 스캠퍼로 아이디어 선택하기	
주제	스마트하게 여행 짐 싸는 방법	
스캠퍼	아이디어	참고 이미지
대체하기 (S)	• 칸이 나뉘어 있는 정리함을 캐리어로 대체한다.	
결합하기 (C)	• 옷이 흐트러지지 않게 정리함을 캐리어 안에 넣는다(캐리어+정리함).	
적용하기 (A)	• 옷을 쉽게 접을 수 있도록 도와주는 보조 제품을 추가한다.	
수정하기 (M)	• 캐리어 안에 칸을 추가하면 분류별로 정리할 수 있다. • 캐리어의 사이드 지퍼를 열면 공간이 늘어난다. • 캐리어의 주머니를 축소하여 여러 개로 나누어 붙인다.	
용도 변경하기 (P)	• 캐리어를 아이를 태우는 수단으로 사용한다.	
제거하기 (E)	• 바퀴를 제거하거나 보이지 않게 할 수 있다.	
재정리하기 (R)	• 캐리어를 여러 개로 분리하여 따로 가지고 다닐 수도 있고 합쳐서 하나로 사용할 수도 있다.	
최종 아이디어	• 옷이 흐트러지지 않게 정리함을 캐리어 안에 넣는다(캐리어+정리함). • 캐리어의 주머니를 축소하여 여러 개로 나누어 붙인다.	

❸ 장점 찾기

스캠퍼로 도출한 아이디어에 PMI 기법의 장점(P) 찾기를 적용하여 장점과 함께 장점을 살리기 위한 보완점을 열거한다. 단점이나 흥미로운 점이 생각나더라도 주의가 흐트러지지 않도록 유의한다.

❹ 단점 찾기

PMI 기법의 단점(M) 찾기를 적용하여 단점을 열거한다. 장점이나 흥미로운 점이 생각나더라도 단점을 찾는 데에만 집중한다.

❺ 흥미로운 점 찾기

PMI 기법의 흥미로운 점(I) 찾기를 적용하여 흥미롭게 여겨지는 부분을 열거하는데, 이때 창의적인 아이디어가 떠오르기도 한다. 이 단계에서는 장점과 단점을 배제하고 흥미로운 부분만 생각한다.

제목	M-SP 기법 3~5단계: 장점, 단점, 흥미로운 점 찾기		
주제	스마트하게 여행 짐 싸는 방법		
스캠퍼로 아이디어 선택하기	• 옷이 흐트러지지 않게 정리함을 캐리어 안에 넣는다(캐리어＋정리함). • 캐리어의 주머니를 축소하여 여러 개로 나누어 붙인다.		
장점, 단점, 흥미로운 점 찾기	**장점**	**단점**	**흥미로운 점**
	• 옷이 구겨지지 않는다. • 옷을 쉽게 찾을 수 있다. • 많은 짐을 줄일 수 있다. • 어떤 물건이 있는지 쉽게 확인할 수 있다.	• 칸으로 구분되어 있어 큰 짐을 넣기가 불편하다. • 옷을 꺼낼 때 흐트러질 수 있다. • 캐리어의 크기가 한정적이다(공간 확보의 어려움).	• 정리함을 추가하면 가방이 무겁지 않을까? 그렇다면 어떤 소재가 좋을까? • 캐리어의 공간 확보를 위한 정리함의 크기는 어느 정도일까? • 접이식 정리함을 캐리어에 넣으면 어떨까?

❻ 최종 아이디어 다듬기

앞에서 도출된 아이디어가 주제에 적합한지 평가하고 정리하여 최종 아이디어를 만든다.

> **Tip** 최적 아이디어가 나오지 않는다면 다시 스캠퍼의 항목을 선택하여 아이디어를 도출하고 3~6단계를 거친다.

제목	**M-SP 기법 6단계: 최종 아이디어 다듬기**
주제	스마트하게 여행 짐 싸는 방법

최종 아이디어 다듬기	여행 짐의 부피를 줄이고 옷을 쉽게 찾을 수 있는 캐리어를 개발한다. 첫째, 캐리어의 무게를 최소화하기 위해 초경량 소재를 사용한다. 둘째, 효율적인 공간 활용을 위해 유연한 소재를 사용하여 접고 펼칠 수 있는 형태로 만든다. 캐리어를 펼치면 선반이 되어 물건이 잘 정리되고 필요한 물건을 쉽게 찾을 수 있다. 최종 아이디어 예시(ShelfPack model)

실습 과제 5-4 | M-SP 기법 연습

주제를 자유롭게 선정하여 M-SP 기법을 적용해보자. 먼저 마인드맵으로 핵심 키워드를 찾은 후 스캠퍼를 활용하여 아이디어를 선택하고 PMI 기법으로 아이디어의 장점, 단점, 흥미로운 점에 대해 득과 실을 분석하여 최적 아이디어를 도출한다.

제목	M-SP 기법 1단계: 가지 그리고 핵심 키워드 도출하기				
주제					
이름		학번		일자	

자유 주제
마인드맵

핵심 키워드	

제목	**M-SP 기법 2단계: 스캠퍼로 아이디어 선택하기**					
주제						
이름		학번		일자		
스캠퍼	아이디어					
대체하기 (S)						
결합하기 (C)						
적용하기 (A)						
수정하기 (M)						
용도 변경하기 (P)						
제거하기 (E)						
재정리하기 (R)						
최종 아이디어						

제목	**M-SP 기법 3~5단계: 장점, 단점, 흥미로운 점 찾기**		
주제			
이름		학번		일자	

스캠퍼로 아이디어 선택하기	

장점, 단점, 흥미로운 점 찾기	장점	단점	흥미로운 점

제목	**M-SP 기법 6단계: 최종 아이디어 다듬기**		
주제			
이름		학번		일자	

최종 아이디어 다듬기	

4. M-AFKP 기법

M-AFKP 기법은 마인드맵, 속성 열거법, 강제 연결법과 KJ 기법, 쌍 비교 분석법을 융합하여 창의적인 아이디어를 발상하는 기법이다. 다음 유의 사항을 지키면서 M-AFKP 기법을 실습해보자.

M-AFKP 기법의 유의 사항

■ 속성 열거법의 유의 사항

• 아이디어를 많이 열거할수록 좋은 아이디어를 도출하는 데 도움이 된다.

• 세부 속성을 알기 위해 대상을 세심히 관찰한다.

■ 강제 연결법의 유의 사항

• 서로 관련이 없어 보이는 것을 억지로 결합한다.

• 다음 단계인 쌍 비교 분석법과 연결될 수 있도록 4개 이상의 아이디어를 도출한다.

■ KJ 기법의 유의 사항

• 정보 수집 단계에서는 통계 자료, 뉴스 기사, 연구 문헌 등의 관련 정보를 수집한다.

• 그룹핑을 할 때 유사점이 없는 카드를 무리하게 그룹에 포함하지 않고 별도로 분류한다.

• 그룹이 10개 이내가 될 때까지 그룹핑 작업을 진행한다.

■ 쌍 비교 분석법의 유의 사항

• 가로축에 평가 기준을, 세로축에 아이디어를 넣어 비교 행렬을 만든다.

• 평가 기준의 상대적 중요도에 따라 가중치를 부여하고 가중치 총점은 1점으로 한다.

> **Tip** 마인드맵의 유의 사항은 M-HL 기법을 참고하라.

M-AFKP 기법의 프로세스

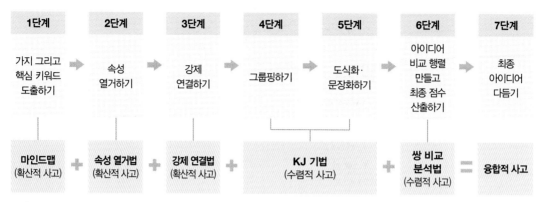

그림 5-11 **M-AFKP 기법의 프로세스**

> **Tip** 속성 열거하기와 강제 연결하기를 이어서 하는 것이 M-AFKP 기법의 기본 프로세스이지만 필요에 따라 둘 중 하나를 생략해도 된다.

우산을 잃어버리지 않는 방법을 예로 들어 M-AFKP 기법을 살펴보자.

❶ 가지 그리고 핵심 키워드 도출하기

M-AFKP 기법의 1단계는 마인드맵을 활용하여 핵심 키워드를 도출하는 것이다. '재활용품'을 중심으로 가지를 뻗어나가 '유리', '비닐'이라는 부가지에서 '우산', '시계', '블루투스'라는 키워드를 도출했다.

> **Tip** 주가지나 부가지에서 자유롭게 키워드를 도출해도 된다.

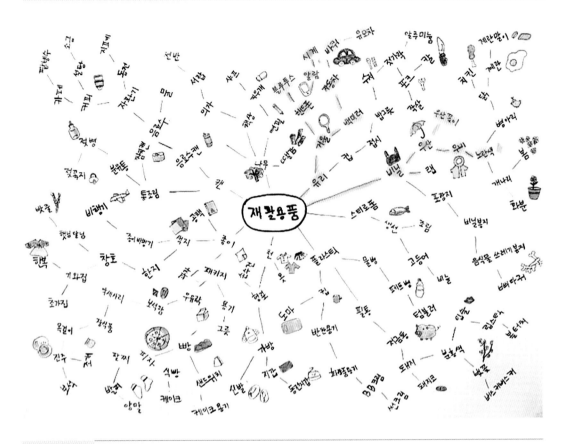

핵심 키워드   우산, 시계, 블루투스

❷ 속성 열거하기

앞에서 도출된 핵심 키워드에 속성 열거법을 적용하여 속성을 열거한다.

제목	**M-AFKP 기법 2단계: 속성 열거하기**	
주제	우산을 잃어버리지 않는 방법	
대상		
속성	우산	1. 손잡이가 있다. 2. 접이식이다. 3. 잃어버리기 쉽다. 4. 길이 조절이 가능하다. 5. 뼈대가 있다. 6. 방수가 된다. 7. 손잡이가 휘어 있다. 8. 재질이 다양하다. 9. 외형이 곡선형이다. 10. 다른 용도(양산, 지팡이)로 사용할 수 있다.
	시계	1. 시간을 알려준다. 2. 손목에 착용한다. 3. 알림 기능이 있다. 4. 스마트 기능을 탑재한 시계도 있다. 5. 숫자판이 있다. 6. 재질이 다양하다. 7. 끈 부분이 유연하다. 8. 색상이 다양하다. 9. 시곗바늘이 움직인다. 10. 디자인이 다양하다.

❸ 강제 연결하기

앞에서 열거한 속성에 강제 연결법을 적용하여 새로운 아이디어를 도출한다. 6단계의 쌍 비교 분석법과 연결될 수 있도록 4개 이상의 아이디어를 도출한다.

제목	M-AFKP 기법 3단계: 강제 연결하기	
주제	우산을 잃어버리지 않는 방법	
강제 연결하기	**속성**	**강제 연결 아이디어**
	우산 1. 손잡이가 있다. 시계 1. 시간을 알려준다.	손잡이에 시계가 있는 우산
	우산 2. 접이식이다. 시계 2. 손목에 착용한다.	손목에 착용하는 접이식 우산
	우산 3. 잃어버리기 쉽다. 시계 3. 알림 기능이 있다.	분실 방지 알림 기능이 있는 우산
	우산 8. 재질이 다양하다. 시계 8. 색상이 다양하다.	다양한 색상과 독특한 재질의 우산
	우산 5. 뼈대가 있다. 시계 7. 끈 부분이 유연하다.	자유자재로 움직이는 우산
	우산 10. 다른 용도로 사용할 수 있다. 시계 1. 시간을 알려준다.	시계가 달린 지팡이
	우산 7. 손잡이가 휘어 있다. 시계 5. 숫자판이 있다.	손잡이에 숫자 또는 알림 표시가 있는 우산
	우산 3. 잃어버리기 쉽다. 시계 4. 스마트 기능을 탑재한 시계도 있다.	스마트 기능(분실 방지)을 탑재한 우산
	우산 9. 외형이 곡선형이다. 시계 9. 시곗바늘이 움직인다.	자동으로 움직여 물기를 터는 우산
	우산 10. 다른 용도로 사용할 수 있다. 시계 4. 스마트 기능을 탑재한 시계도 있다.	이름과 전화번호를 알려주는 우산
	우산 4. 길이 조절이 가능하다. 시계 10. 디자인이 다양하다.	여러 형태로 변형이 가능한 우산
	우산 2. 접이식이다. 시계 6. 재질이 다양하다.	거울이 달린 우산

속성 열거법과 강제 연결법에서의 관련 정보 수집

속성 열거법과 강제 연결법에서는 다양한 아이디어를 떠올리기 위해 정보 수집이 필요한 경우도 있다. 잘 알고 있는 주제라면 문제가 없겠지만 낯선 주제의 경우 관련 정보가 있어야 쉽게 아이디어를 열거할 수 있다. 인터넷, 신문 기사, 연구 문헌 등에서 주제와 관련된 정보를 수집할 수 있는데, 이때 많은 양의 정보를 찾는 것도 중요하지만 주제에서 벗어나지 않는지 확인해야 한다. 또한 주제와 직접적으로 관련이 있는 글은 물론이고 조금이라도 관련이 있는 글이나 이미지를 수집해도 좋다. 수집한 정보는 폴더별로 저장하고 필요한 정보를 메모장에 기록하여 관리할 것을 권장한다.

그림 5-12 **주제와 관련된 아이디어 상품 이미지**

❹ 그룹핑하기

KJ 기법을 이용하여 아이디어 카드를 만들고 그룹핑한다. 앞에서 도출한 아이디어를 메모지나 포스트잇에 작성하여 카드를 만드는데, 이때 한 장에 하나의 아이디어를 20자 이내로 요약하여 작성한다. 이렇게 만든 카드를 열거한 후 유사한 아이디어를 묶어 분류하고 각 그룹의 표제를 만든다.

Tip 표제만 보아도 그 그룹의 핵심 내용을 알 수 있도록 표제를 만든다.

제목	M-AFKP 기법 4단계: 그룹핑하기
주제	우산을 잃어버리지 않는 방법

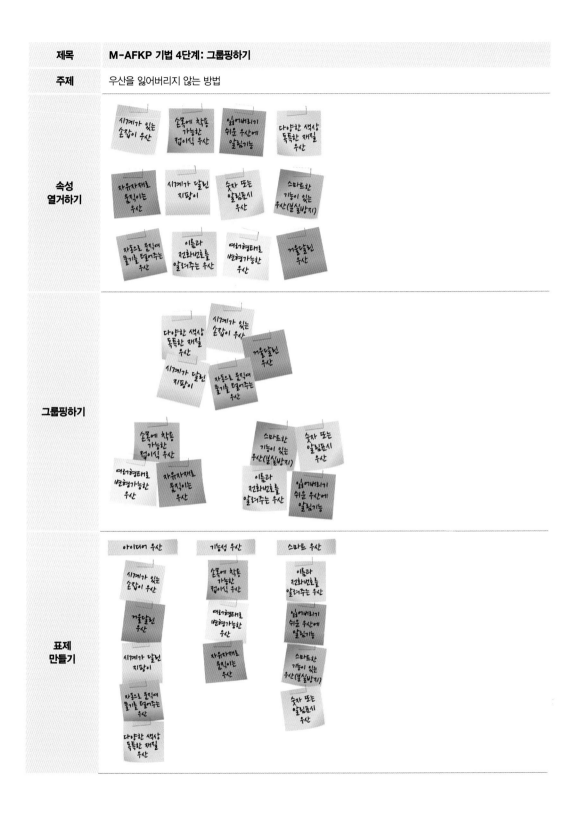

속성 열거하기	
그룹핑하기	
표제 만들기	

❺ 도식화·문장화하기

그룹의 표제와 카드의 의미를 도식화하거나 문장화하여 아이디어를 재정리한다. 이때 관계가 가까운 그룹은 같은 두께의 펜으로 연결하고 그룹 간의 관계를 화살표로 나타낸다(→ 인과관계, ↔ 상호관계, →← 대립관계, − 특별히 관련됨).

제목	M-AFKP 기법 5단계: 도식화·문장화하기
주제	우산을 잃어버리지 않는 방법
도식화하기	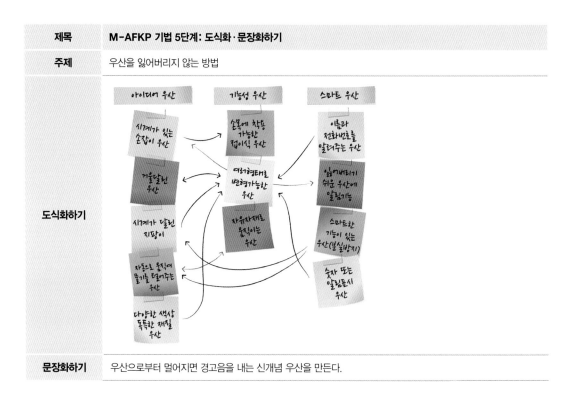
문장화하기	우산으로부터 멀어지면 경고음을 내는 신개념 우산을 만든다.

❻ 아이디어 비교 행렬 만들고 최종 점수 산출하기

모든 대안을 비교하여 상대적인 중요도에 따라 우선순위를 정하는 쌍 비교 분석법을 적용하는 단계이다. 가로축에는 평가 기준을, 세로축에는 아이디어를 작성하는데, 이때 아이디어에는 앞에서 만든 그룹별 표제를 활용한다. 각각의 아이디어 쌍을 비교하여 아이디어의 중요도에 따라 점수를 부여한 후, 각 평가 기준의 획득 점수와 가중치를 곱하여 가중 점수를 계산하고 이를 더하여 가중 점수의 총점을 구한다.

제목	M-AFKP 기법 6단계: 아이디어 비교 행렬 만들고 최종 점수 산출하기
주제	우산을 잃어버리지 않는 방법

▶ 아이디어 비교 행렬 만들기

구분	실용성(0.4)	편의성(0.3)	디자인(0.2)	가격(0.1)	가중 점수 총점	순위
아이디어 우산						
실용성 우산						
스마트 우산						

▶ 아이디어 최종 점수 산출하기

구분	실용성(0.4)	편의성(0.3)	디자인(0.2)	가격(0.1)	가중 점수 총점	순위
아이디어 우산	$0.8(2 \times 0.4)$	$0.6(2 \times 0.3)$	$0.4(2 \times 0.2)$	$0.3(3 \times 0.1)$	2.1	2
실용성 우산	$0.8(2 \times 0.4)$	$0.3(1 \times 0.3)$	$0.2(1 \times 0.2)$	$0(0 \times 0.1)$	1.3	3
스마트 우산	$1.2(3 \times 0.4)$	$0.6(2 \times 0.3)$	$0.4(2 \times 0.2)$	$0.3(3 \times 0.1)$	2.5	1

❼ 최종 아이디어 다듬기

최종 선정된 아이디어와 그 특징을 간략하게 정리한다.

제목	M-AFKP 기법 7단계: 최종 아이디어 다듬기
주제	우산을 잃어버리지 않는 방법
최종 아이디어	우산으로부터 멀어지면 경고음을 내는 신개념 우산을 만든다.
특징	• 블루투스 기능으로 우산과 스마트폰을 연결하여 우산으로부터 멀어지면 경고음을 낸다. • 휴대하기 좋도록 접이식으로 만든다. • 가벼운 재질을 사용한다. • 건전지를 사용하도록 함으로써 실용성을 더한다.

융합적 사고 기법 적용 후 표현 적용의 예

다음 장에서 살펴볼 아이디어 표현에는 아이디어 스케치와 구현이 포함된다. 여기서는 예로 실습한 잃어버리지 않는 우산에 대한 아이디어 표현 방법을 참고로 살펴보자.

그림 5-13 **우산 아이디어 스케치의 예**

다음은 크라우드펀딩 사이트인 킥스타터에 게재된 Davek Alert Umbrella로, 우산의 단점과 불편한 점을 개선한 대표적인 예이다. 스마트폰 앱과 블루투스 기능을 활용한 Davek Alert Umbrella는 우산과 사용자의 스마트폰이 일정 거리(약 9m) 이상 멀어지면 스마트폰에서 경고음이 울리기 때문에 잃어버릴 염려가 없다. 또한 휴대성을 고려한 접이식이므로 버튼을 눌러 우산을 펴고 접을 수 있으며, 우산이 뒤집혔을 때도 버튼을 눌러 원래대로 접을 수 있다.

그림 5-14 Davek Alert Umbrella

M-AFKP 기법 연습

주제를 자유롭게 선정하여 M-AFKP 기법을 적용해보자. 먼저 마인드맵으로 핵심 키워드를 찾은 후 속성 열거법과 강제 연결법으로 다양한 아이디어를 도출하고, KJ 기법과 쌍 비교 분석법으로 아이디어를 분류 및 비교하여 최종 아이디어를 선택한다.

제목	**M-AFKP 기법 1단계: 가지 그리고 핵심 키워드 도출하기**				
주제					
이름		학번		일자	

자유 주제
마인드맵

핵심 키워드	

제목	**M-AFKP 기법 2단계: 속성 열거하기**				
주제					
이름		**학번**		**일자**	

	키워드 1	키워드 2
대상		

속성	키워드 1	
	키워드 2	

제목	M-AFKP 기법 3단계: 강제 연결하기				
주제					
이름		학번		일자	

	속성	강제 연결 아이디어
강제 연결하기		

제목	M-AFKP 기법 4단계: 그룹핑하기
주제	
이름		학번		일자	

속성 열거하기	
그룹핑하기	
표제 만들기	

제목	M-AFKP 기법 5단계: 도식화·문장화하기				
주제					
이름		학번		일자	

도식화하기	
문장화하기	

제목	**M-AFKP 기법 6단계: 아이디어 비교 행렬 만들고 최종 점수 산출하기**					
주제						
이름		학번		일자		

▶ 아이디어 비교 행렬 만들기

구분	평가 기준 1	평가 기준 2	평가 기준 3	평가 기준 4	가중 점수 총점	순위
아이디어 1						
아이디어 2						
아이디어 3						
아이디어 4						

▶ 아이디어 최종 점수 산출하기

구분	평가 기준 1	평가 기준 2	평가 기준 3	평가 기준 4	가중 점수 총점	순위
아이디어 1						
아이디어 2						
아이디어 3						
아이디어 4						

제목	**M-AFKP 기법 7단계: 최종 아이디어 다듬기**				
주제					
이름		학번		일자	
최종 아이디어					
특징					

핵심 정리

1 융합적 사고

- 디자인 씽킹에서의 융합적 사고는 한 가지 사고에 치우치지 않고 확산적 사고와 수렴적 사고가 통합적으로 이루어지는 사고이다.

2 융합적 사고 기법의 종류

- **M-HL 기법**: 마인드맵＋하이라이팅
- **M-SP 기법**: 마인드맵＋스캠퍼＋PMI 기법
- **M-AFKP 기법**: 마인드맵＋속성 열거법＋강제 연결법＋KJ 기법＋쌍 비교 분석법

3 M-HL 기법의 프로세스

4 M-SP 기법의 프로세스

5 M-AFKP 기법의 프로세스

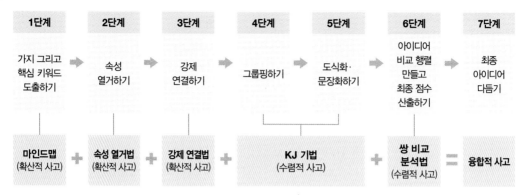

창의적 아이디어 표현 방법

창의적 아이디어 표현의 구성 요소와 예

- 창의적 아이디어 표현의 구성 요소를 이해할 수 있다.
- 창의적 아이디어 표현의 예를 통해 구성 요소의 특징을 이해할 수 있다.

창의적 아이디어 표현의 구성 요소

창의적 아이디어 표현을 위한 구성 요소와 그 특징을 알아본다.

창의적 아이디어 표현의 결과물은 2차원인 평면 디자인과 3차원인 입체 디자인으로 분류할 수 있다. 평면 디자인의 구성 요소에는 레이아웃, 색채, 서체가 포함되고 입체 디자인의 구성 요소에는 형태, 색채, 재료가 포함된다.

그림 6-1 **창의적 아이디어 표현의 구성 요소**

1. 평면 디자인

레이아웃

평면 디자인의 핵심 요소인 레이아웃[layout]은 '배치'라는 뜻으로, 컴퓨터 그래픽 디자인이나 소프트웨어 디자인에서 각 구성 요소를 제한된 공간 안에 효과적으로 배열하는 것을 의미한다(위키백과). 다시 말해 광고나 브로슈어, 리플릿, 포스터 등을 디자인할 때 텍스트, 이미지 등의 요소를 보기 좋게 배열하는 것을 말한다. 레이아웃에서는 전체적인 구성과 균형을 고려하여 세부적인 부분을 다듬어나가는 것이 중요하다.

2차원 평면 디자인 레이아웃의 구성 원리는 통일, 비례, 균형, 율동, 강조, 대비 등이다. 예를 들어 통일은 레이아웃의 질서를 잡아주는 역할을 하는데 이것이 지나치면 지루한 느낌을 주기도 한다. 이때 강조의 원리를 이용하면 정적인 분위기에 생기를 불어넣거나 흥미를 유발할 수 있다. 이처럼 구성 원리를 적절히 활용하면 창의적 아이디어를 잘 표현하는 결과물을 만들어낼 수 있으니 먼저 구성 원리를 자세히 살펴보자.

■ 통일

레이아웃의 구성 요소를 질서 있고 조화롭게 배치하는 것으로, 이렇게 표현하면 보기 쉽고 의미 전달이 잘 될 수 있다. 구성 요소의 크기, 위치, 여백 등을 조절하여 전체적인 통일감을 줄 수 있다.

■ 비례

전체와 부분, 부분과 부분의 크기나 길이가 대비되는 관계를 말한다. 레이아웃 구성 요소의 중요도에 따라 뚜렷이 드러나도록 대소, 장단에 차이를 두되 조화로워야 한다. 일반적으로 가로세로의 비율이 안정적으로 보일 때 전체적인 분위기가 안정감 있게 느껴진다.

■ **균형**

레이아웃 구성 요소의 시각적 무게감을 동등하게 함으로써 안정감을 만드는 것을 말한다. 창의적 아이디어 표현에서는 시각적인 균형이 중요하며, 이를 위해 삼각 구도, 사각 구도, 사선 구도, 방사성 구도 등을 이용한다.

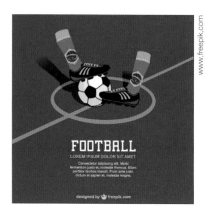

■ **율동**

레이아웃 구성 요소의 반복, 교차, 점이 등을 통해 나타나는 시각적인 운동감으로, 평면 디자인에서의 율동은 그러데이션을 이용한 율동, 선의 반복을 이용한 율동, 도형과 텍스트를 이용한 율동, 이미지의 반복을 이용한 율동 등이 있다. 일반적으로 사람의 시선은 위에서 아래로, 왼쪽에서 오른쪽으로, 큰 요소에서 작은 요소로, 강렬한 색깔에서 옅은 색상으로 이동하는데 이러한 시선의 흐름을 고려하여 율동감을 줄 수 있다.

■ 강조

한 가지 요소를 그 외 것들과 다르게 함으로써 주목을 끄는 강조의 원리를 이용하면 흥미를 유발하고 주의를 집중시킴으로써 광고 효과를 극대화할 수 있다. 일반적으로 강조의 방법에는 분리, 배치, 대비, 색채, 여백, 반복 등이 있다.

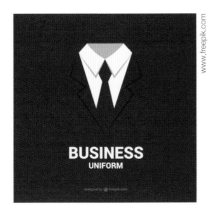

■ 대비

레이아웃 구성 요소의 형태, 크기, 색상 등을 대조되게 표현하는 것을 말한다. 대비가 클수록 강렬한 느낌을 주기 때문에 주목성도 높아진다. 2개 이상의 요소를 크게 또는 눈에 띄게 표현하면 대비 효과가 떨어지므로 강조하고자 하는 것 외의 요소를 축소하거나 두드러지지 않게 표현해야 한다.

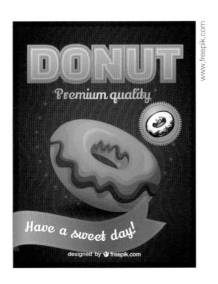

색채

창의적 아이디어 표현 결과물의 첫인상은 색채에 의해 결정된다고 해도 과언이 아닐 만큼 색채는 강렬한 힘을 가지고 있다. 색채의 고유한 성질을 알면 디자인을 통해 메시지를 전달하는 데 유용하게 활용할 수 있다. 주조색은 결과물의 전체적인 느낌을 좌우하기 때문에 색채의 성질을 잘 이해하여 선정해야 한다.

Tip 주조색은 70% 이상을 차지하는 색을 말하며 보조색은 20%, 강조색은 10%를 차지한다.

■ 빛과 색

- **빛:** 사람의 눈으로 볼 수 있는 빛인 가시광선은 파장 범위가 380~780nm이다.
- **색:** 빛이 물체를 비추었을 때 일어나는 반사, 흡수, 투과, 굴절, 회절, 산란 등을 통해 사람의 눈을 자극함으로써 발생하는 물리적 지각 현상을 말한다.

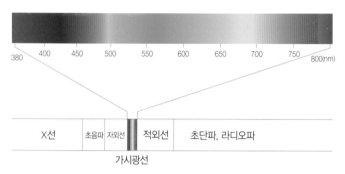

그림 6-2 **가시광선의 스펙트럼**

■ 색의 삼속성

- **색상:** 색을 지각할 때 빛의 파장에 의해 빨강, 파랑, 노랑 등으로 구별되게 하는 특성을 말한다.
- **명도:** 색의 밝고 어두운 정도를 말한다.
- **채도:** 색의 선명하고 탁한 정도를 말한다.

그림 6-3 **명도와 채도**

■ 색상환

색의 변화를 계통적으로 나타내기 위해 색을 둥글게 배열한 것을 색상환color circle이라고 한다. 앨버트 먼셀Albert Munsell은 빨강(R), 노랑(Y), 초록(G), 파랑(B), 보라(P)를 기본 색으로 정하고 주황(YR), 연두(GY), 청록(BG), 남색(PB), 자주(RP)를 중간색이라 불렀는데 이 열 가지 색을 기본 10색이라 한다. 먼셀은 이를 다시 반분하여 20색상환을 만들었다.

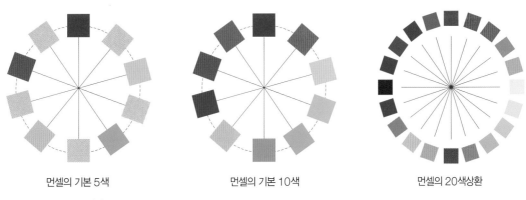

| 먼셀의 기본 5색 | 먼셀의 기본 10색 | 먼셀의 20색상환 |

그림 6-4 **먼셀의 색체계**

• **유사색**: 색상환에서 바로 옆에 있는 색을 말한다. 유사색은 색의 대비가 낮기 때문에 눈에 거슬리지 않고 조화롭게 배색할 수 있다.

• **보색**: 색상환에서 가장 멀리 떨어져 있는 색을 말한다. 서로 강한 대비를 이루며 대표적인 예는 빨강-청록, 연두-보라, 주황-파랑, 노랑-남색 등이다.

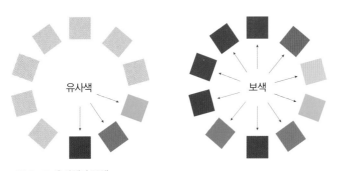

그림 6-5 **유사색과 보색**

■ 색의 온도

• **난색(따뜻한 색)**: 따뜻한 느낌을 주는 색으로 대표적인 예는 빨강, 노랑, 주황 등이다.

• **한색(차가운 색)**: 차가운 느낌을 주는 색으로 대표적인 예는 초록, 파랑, 남색 등이다.

- **중성색**: 따뜻한 느낌을 주는 색과 차가운 느낌을 주는 색의 중간에 있는 색으로 대표적인 예는 검정, 회색, 갈색 등이다.

난색　　　　　　　한색　　　　　　　중성색

그림 6-6 **난색, 한색, 중성색**

■ **색의 경중**

명도는 색의 경중에 영향을 미치는데, 명도가 낮은 색은 무거운 느낌을 주고 명도가 높은 색은 가벼운 느낌을 준다. 색상과 채도는 색의 경중에 큰 영향을 미치지는 않지만, 일반적으로 한색 계열은 무거운 느낌을 주고 난색 계열은 가벼운 느낌을 준다.

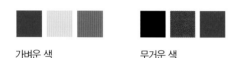

가벼운 색　　　　　무거운 색

그림 6-7 **가벼운 색과 무거운 색**

서체

서체는 폰트^{font}, 타입페이스^{typeface}, 타이포그래피^{typography}라고도 한다. 폰트는 일반적으로 윈도우 프로그램에서 설치 가능한 서체의 파일 형태를 말하고, 타입페이스는 글자 모양의 외형적 특징을 의미한다. 또한 타입페이스의 개념이 내포된 타이포그래피는 쉽게 말해 주제에 어울리게 서체의 외형을 시각적으로 표현한 것이다.

서체를 적절히 사용하면 메시지를 잘 전달하고 결과물을 더욱 돋보이게 할 수 있다. 따라서 가독성을 고려하여 주제와 콘셉트에 적합한 서체를 골라 이미지와 조화를 이루도록 디자인해야 한다. 서체는 일반적으로 명조체, 고딕체, 캘리그래피체로 분류한다.

■ **명조체**

- 세리프^{serif}체라고도 한다.
- 가로획이 가늘고 세로획이 굵은 형태이며 차분한 느낌을 준다.
- 일반 서적, 교과서, 잡지 등의 본문에 쓰인다.

■ 고딕체

• 산세리프^{san serif}체라고도 한다.

• 가로획과 세로획의 굵기가 일정한 형태이며 간결하고 깔끔한 느낌을 준다.

• 일반 서적, 교과서, 잡지 등의 본문과 제목에 쓰인다. 본문의 내용을 강조할 때 활용하기도 한다.

■ 캘리그래피체

• 손으로 그린 서체이다.

• 유연하고 동적인 형태이며 장식성이 강하다.

• 로고, 포스터 또는 일반 서적, 교과서, 잡지 등의 제목에 쓰인다.

그림 6-8 **서체의 종류**

2. 입체 디자인

형태와 구조

창의적 아이디어 표현의 결과물 중 입체 형태는 주변의 환경 요소를 자세히 관찰하여 심미적인 구조, 패턴, 질서 등을 의식적으로 표현한 것이다. 나아가 입체 디자인의 조형적인 표현 응용 작업을 위한 기본적인 연습 과정이다. 조형 표현의 질서와 법칙을 이해하기 위해 3차원 입체 디자인 형태의 구성 원리인 비례, 리듬, 균형, 조화, 대비, 통일을 살펴보자.

■ 비례

전체와 부분, 부분과 부분의 크기나 길이가 대비되는 관계를 말한다. 크기나 길이의 비례로 리듬감과 율동감을 표현할 수 있으며, 적절한 비례의 입체 조형물은 시각적으로 안정감이 있다. 건축의 황금 비율은 1:1.618이며 그리스의 파르테논 신전, 이집트의 피라미드 등은 이 비율이 적용된 대표적인 예이다.

■ 리듬

비슷하거나 똑같은 요소를 일정한 간격을 두고 반복해서 배열하거나 점점 확대 또는 축소해서 표현하는 것을 말한다. 입체 디자인에서의 리듬은 동적인 질서와 활기를 느끼게 한다.

■ 균형

요소를 동등한 비율로 배치하여 안정감을 주는 것을 말한다. 입체 디자인에서 중심축을 기준으로 양쪽이 똑같은 형태로 반복되면 시각적으로 안정감이 있다.

■ **조화**

한쪽에 치우치지 않고 전체적으로 잘 어울리게 하는 것으로, 두 가지 이상의 요소가 동일하거나 유사할 때 조화로운 느낌을 준다.

■ **대비**

요소의 형태, 크기, 색상 등을 대조되게 표현하는 것을 말한다. 대비가 클수록 강렬한 느낌의 극적인 효과가 있다.

■ **통일**

요소를 질서 있고 조화롭게 배치하는 것을 말한다. 전체적으로 통일하면서 약간의 변화를 주면 긴장감과 생동감이 느껴진다.

■ **자연에서 아이디어를 얻은 입체 조형물의 예**

우리는 알게 모르게 자연의 질서, 구조, 패턴 등을 창의적 아이디어 표현에 응용하고 있다. 자연은 표현의 아이디어를 얻을 수 있는 원천이며, 자연에서 모티프를 얻어 만들어진 조형물을 곳곳에서 볼 수 있다. 자연을 응용한 입체 조형물의 예를 살펴보면 창의적 아이디어 표현의 구성 요소를 발견할 수 있을 것이다.

민들레 홀씨

민들레 홀씨를 응용한 입체 조형물

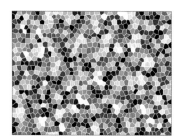

벌집

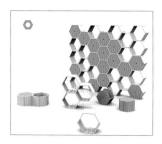

벌집을 응용한 입체 조형물(Nyada Design)

거미줄

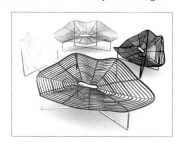

거미줄을 응용한 의자

눈 결정체

눈 결정체를 응용한 입체 조형물

그림 6-9 **자연에서 아이디어를 얻은 입체 조형물의 예**

재료

창의적 아이디어 표현의 결과물을 만들 때 어떤 재료를 선택하느냐에 따라 그 가치나 느낌이 완전히 달라지기도 한다. 표현하고자 하는 결과물에 어울리는 재료를 선택할 수 있도록 다양한 재료의 특성을 알아보자.

- **금속:** 틀에 부어 주조하거나, 선반 등의 공작 기계로 자르고 깎고 다듬거나, 프레스·절곡·천공 등의 기계 가공을 거쳐 성형한다.
- **플라스틱:** 압축, 사출, 압출, 진공 등 여러 가지 성형 방법이 있다. 플라스틱 성형품은 반드시 금형으로 찍어낼 수 있는 형태여야 하며, 플라스틱을 재료로 선택할 때 이 점을 고려해야 한다.
- **나무:** 나무는 건축이나 가구에 주로 사용되고 자연 친화적인 느낌을 준다.
- **세라믹:** 물레를 이용하여 성형하거나, 점토를 판재나 코일 형태로 성형하거나, 석고 몰드를 이용하여 찍어낸다.
- **직물:** 염색이 잘되어 다양한 색을 입힐 수 있고 감촉이 부드럽다.

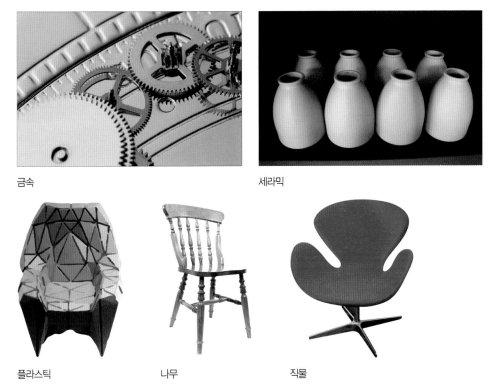

금속   세라믹

플라스틱   나무   직물

그림 6-10 **다양한 재료로 만든 제품의 예**

창의적 아이디어 표현의 예

창의적 아이디어 표현의 구성 요소를 이해하고 자신의 결과물을 만들 때 도움이 되도록 실제 사례를 살펴본다.

1. 평면 디자인의 예

다음은 이제석 광고연구소가 제작한 그래픽 디자인이다. 소화기가 눈에 잘 띄지 않고 무질서하게 설치되어 있는 문제점에 착안하여 포스터에 실제 소화기를 부착함으로써 사람들의 시선을 사로잡는다. 또한 주목성을 높이기 위해 빨간색과 선명한 글씨를 사용하여 화재 예방에 관한 메시지를 전달한다.

그림 6-11 **이제석 광고연구소의 그래픽 디자인**

인포그래픽infographics은 인포메이션 그래픽information graphics을 줄인 말로 정보, 데이터, 지식을 쉽고 빠르게 전달하기 위해 시각적으로 표현한 것이다. 다이어그램, 그래프, 지도, 통계 도표, 도로 표지판 등이 모두 인포그래픽에 포함된다. 다음은 뉴스와 정보를 인포그래픽으로 재구성하여 제공하는 비주얼다이브의 인포그래픽으로, 보는 이의 흥미를 끌면서도 정보를 한눈에 파악할 수 있도록 구성했다.

그림 6-12 **비주얼다이브의 인포그래픽**

4차 산업혁명 시대에 접어들면서 평면 디자인의 영역이 웹과 스마트폰의 사용자 인터페이스^{User Interface, UI}로 확대되었으며 앞으로 그 범위가 더욱 커질 것이다. 다음은 아이폰의 사용자 인터페이스이다. 왼쪽은 실제 형태를 그대로 재현하는 스큐어모피즘^{skeuomorphism}을 적용한 iOS6이고, 오른쪽은 로딩 시간을 줄이고 쉽게 볼 수 있도록 플랫 디자인^{flat design}을 적용한 iOS7이다.

iOS6

iOS7

그림 6-13 **아이폰의 사용자 인터페이스**

2. 입체 디자인의 예

3M이 일상생활의 불편한 점을 창의적인 아이디어로 개선하여 내놓은 몇 가지 제품을 살펴보자. 변기 청소 도구를 세척하기 어렵다는 단점을 해결한 스카치브라이트 크린스틱은 변기를 손쉽게 청소할 수 있도록 일회용 세제가 부착된 변기 청소 도구이다. 또한 랩을 빠르고 정확하게 절단하는 후레쉬 안전 랩 커터는 랩이 깔끔하게 잘리지 않는 불편함과 손을 다칠 수도 있는 위험성을 개선한 제품이다.

그림 6-14 **스카치브라이트 크린스틱**   그림 6-15 **후레쉬 안전 랩 커터**

다음은 포스트잇을 활용한 아이디어 제품이다. 포스트잇 펜은 펜과 포스트잇의 기능을 하나로 합친 제품으로, 생각이 떠오를 때 바로 메모를 하고 붙일 수 있어 편리하다. 또한 포스트잇 이젤패드는 쉽게 탈부착되고 메모가 가능하여 회의, 토론 수업 등에 유용하다.

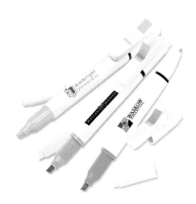

그림 6-16 **포스트잇 펜**   그림 6-17 **포스트잇 이젤패드**

3. 공간 디자인의 예

환경적인 요소를 고려하여 실내외의 공간을 꾸미는 공간 디자인의 예를 살펴보자. 다음은 이제석 광고연구소가 제작한 조형물로, 회색빛 세상을 초록으로 물들이겠다는 산림청의 의지가 고스란히 표현되었다. 색칠을 하는 붓과 나무를 결합하여 시각적으로 주목을 끌면서도 메시지를 명확히 전달한다.

그림 6-18 **이제석 광고연구소의 공간 디자인**

DDP라고도 불리는 동대문디자인플라자는 옛 동대문운동장 자리에 세워진 건축물로, 이라크 태생의 영국 건축가 자하 하디드Zaha Hadid가 설계했다. 동대문운동장 철거 작업 시 출토된 유물을 전시한 동대문역사문화공원을 비롯해 국제회의장, 전시관, 쇼핑몰 등을 아우르는 복합 문화 공간이다. 패션 트렌드를 알리고, 새로운 전시를 통해 지식을 공유하며, 다양한 문화 체험 콘텐츠를 운영하고 있다.

그림 6-19 **동대문디자인플라자(DDP)**

핵심 정리

1 평면 디자인의 구성 요소

- **레이아웃:** 컴퓨터 그래픽 디자인이나 소프트웨어 디자인에서 각 구성 요소를 제한된 공간 안에 효과적으로 배열하는 것을 의미한다. 레이아웃의 구성 원리는 통일, 비례, 균형, 율동, 강조, 대비 등이다.
- **색채:** 색채의 고유한 성질을 알면 디자인을 통해 메시지를 전달하는 데 유용하게 활용할 수 있다. 주조색은 결과물의 전체적인 느낌을 좌우하기 때문에 색채의 성질을 잘 이해하여 선정해야 한다.
- **서체:** 서체를 적절히 사용하면 결과물을 더욱 돋보이게 할 수 있다. 서체는 일반적으로 명조체, 고딕체, 캘리그래피체로 분류한다.

2 입체 디자인의 구성 요소

- **형태와 구조:** 창의적 아이디어 표현의 결과물 중 입체 형태는 주변의 환경 요소를 자세히 관찰하여 심미적인 구조, 패턴, 질서 등을 의식적으로 표현한 것이다. 나아가 입체 디자인의 조형적인 표현 응용 작업을 위한 기본적인 연습 과정이다.
- **재료:** 창의적 아이디어 표현의 결과물을 만들 때 어떤 재료를 선택하느냐에 따라 그 가치나 느낌이 완전히 달라지기도 한다.

07

창의적 아이디어 표현 도구

- 창의적 아이디어 표현 도구의 종류를 파악할 수 있다.
- 파워포인트, 포토샵, 일러스트레이터 프로그램의 특징을 이해할 수 있다.
- 창의적 아이디어 표현 도구의 활용 예를 통해 창의적 아이디어 표현의 프로세스를 이해할 수 있다.
- 창의적 아이디어 표현에 사용하는 이미지 소스와 서체를 활용할 수 있다.

창의적 아이디어 표현 도구의 종류

아이디어 스케치는 창의적 아이디어 표현 도구를 사용하여 구체화할 수 있으므로 이러한 도구인 파워포인트, 포토샵, 일러스트레이터를 살펴본다.

아이디어 스케치를 마치고 나면 창의적 아이디어 표현 도구를 사용하여 구체화한다. 창의적 아이디어 표현 도구로는 파워포인트^{PowerPoint}, 포토샵^{Photoshop}, 일러스트레이터^{Illustrator} 등이 있으며, 이러한 프로그램을 활용하면 아이디어를 쉽게 시각화하여 최적의 해결책을 찾아낼 수 있다.

파워포인트

포토샵

일러스트레이터

그림 7-1 **창의적 아이디어 표현 도구의 종류**

1. 파워포인트

마이크로소프트에서 개발한 파워포인트는 학교나 회사 등에서 발표를 할 때 시청각 보조 자료로 활용되는 소프트웨어이다. 파워포인트의 가장 중요한 기능은 프레젠테이션 자료를 만들 수 있다는 것이다. 파워포인트를 이용하여 만든 자료를 빔프로젝터에 연결하면 프레젠테이션의 효과를 극대화할 수 있다.

파워포인트로 가능한 작업

■ **발표 자료 제작**

회사 소개서, 제안서, 수업 및 프로젝트 발표 자료 등을 만들 수 있다.

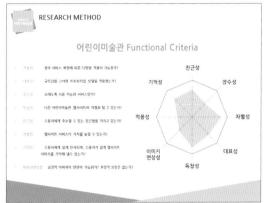

▪ 도표, 그래프 제작

파워포인트의 데이터 편집 기능을 이용하여 많은 정보를 도표나 그래프로 시각화할 수 있다.

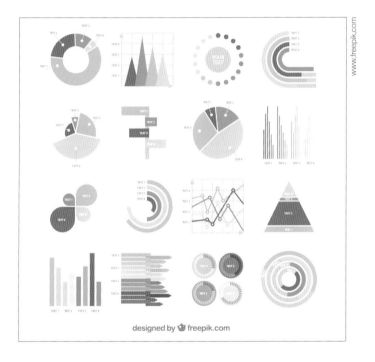

designed by freepik.com

▪ 인포그래픽 제작

인포그래픽은 정보를 잘 전달하고 이해시킴으로써 사람들을 설득할 수 있는 효과적인 방법인데 파워포인트로 인포그래픽도 제작할 수 있다.

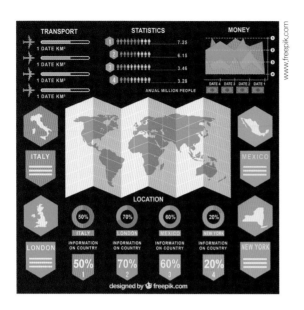

■ 간단한 그래픽 편집

파워포인트는 주로 프레젠테이션 자료를 만드는 프로그램이지만 버전이 높아질수록 기능이 다양해져 간단한 그래픽 편집 기능도 제공한다.

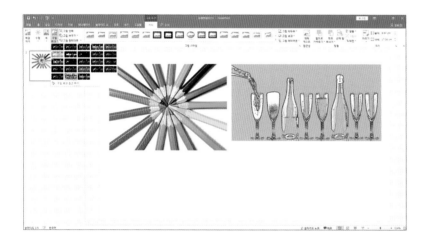

파워포인트 작업 시 유의 사항

파워포인트로 프레젠테이션 자료를 만들 때는 내용의 중요도를 고려하여 서체의 크기와 두께를 조절하고 적절한 이미지를 배치한다. 이때 화려한 이미지보다는 사람들을 집중시킬 수 있는 심플한 이미지를 사용하는 것이 좋다. 또한 배경을 어둡게 하고 글씨를 밝은 색상으로 하여 일관성 있는 템플릿을 만들면 보는 이의 집중력을 높일 수 있다.

표 7-1 자료의 종류에 따른 저장 및 파일 형식

종류	저장 방식	파일 형식
프레젠테이션	Powerpoint 프레젠테이션	PPT
텍스트, 이미지 뷰어	뷰어	PDF
슬라이드 이미지	이미지	PNG, JPEG
영상(애니메이션)	영상	AVI, MP4, MKV

2. 포토샵

어도비에서 개발한 포토샵은 사진 편집 작업을 위한 비트맵^{bitmap} 방식의 그래픽 소프트웨어이다. 포토샵은 디자인과 관련된 작업에 폭넓게 이용되고 있어 흔히 디자인 전공자만 사용하는 프로그램이라고 생각하지만, 몇 가지 주요 기능만 익히면 디자인 비전공자라도 충분히 사용할 수 있다. 포토샵을 활용하면 사진 등을 보정·합성·편집하여 필요한 이미지 소스를 만들 수 있다.

포토샵으로 가능한 작업

■ 이미지 보정

포토샵의 기본적인 기능 중 하나로 색상, 명도, 채도에 변화를 주는 것을 말한다. 예를 들면 빨간색을 파란색으로 바꾸거나, 어두운 이미지를 밝게 하거나, 흐릿한 이미지를 선명하게 하는 것이다. 전문적인 보정 작업을 하기 위해서는 오랜 학습이 필요하지만 간단한 보정 작업은 쉬울 뿐 아니라 큰 효과를 얻을 수 있다.

색상 보정 전

색상 보정 후

그림 7-2 **이미지의 색상을 보정한 예**

■ 이미지 합성

2개 이상의 이미지를 합치는 것을 말한다. 전체 이미지를 합성할 수도 있고 이미지에서 특정 부분만을 선택하여 합성할 수도 있는데, 이때 자연스러워 보이게 합치는 것이 중요하다. 너무 상반된 이미지를 합성하는 것보다 비슷한 분위기의 이미지를 합성하는 것이 더 쉬우니 포토샵 초보자라면 비슷한 이미지를 가지고 연습해본다.

합성 전   합성 후

그림 7-3 **이미지를 합성한 예**

■ 이미지 편집

이미지에서 불필요한 부분을 삭제하거나, 오브젝트를 복사해서 넣거나, 오브젝트의 위치를 이동하는 것 등을 말한다.

삭제 전   삭제 후

그림 7-4 **이미지의 일부분을 삭제한 예**

■ 광고 포스터 디자인

광고 포스터를 디자인할 때는 합성, 보정 등을 활용하는 경우가 많기 때문에 주로 포토샵을 이용한다. 포토샵의 필터, 채널 효과를 적용하는 기술을 익히면 보다 완성도 높은 결과물을 만들 수 있다.

그림 7-5 **광고 포스터의 예**

▪ 캘리그래피

캘리그래피는 메시지를 감성적으로 전달하는 수단으로 활용되고 있어 브랜드 로고, 포스터의 헤드카피, 책 표지의 제목 등에서 많이 볼 수 있다.

그림 7-6 **캘리그래피의 예**

▪ 웹 디자인, 모바일 앱 디자인

웹 디자인과 모바일 앱 디자인에도 포토샵을 이용한다. 웹 디자인과 모바일 앱 디자인은 컴퓨터, 스마트폰, 태블릿 PC 화면상에 출력되므로 비트맵 방식의 포토샵으로 작업하는 비중이 높다.

그림 7-7 **웹 디자인의 예**

포토샵 작업 시 유의 사항

포토샵으로 제작한 결과물은 픽셀 기반의 비트맵 방식으로 데이터를 처리하기 때문에 해상도의 영향을 많이 받는다. 따라서 결과물의 종류와 목적에 맞게 작업 시 해상도, 컬러 모드, 파일 형식을 적절히 설정해야 한다.

표 7-2 **결과물의 종류에 따른 해상도, 컬러 모드, 파일 형식**

종류	해상도	컬러 모드	파일 형식
화면 출력용(웹사이트, 게임, PPT 이미지 등)	72dpi	RGB 모드	GIF, JPG, PNG
저해상도(신문, 시안 등)	150~200dpi	CMYK 모드	EPS, TIFF, PDF
고해상도(출판물, 서적, 잡지 등)	300dpi 이상	CMYK 모드	EPS, TIFF, PDF

3. 일러스트레이터

어도비가 개발한 일러스트레이터는 그래프, 문자, 캐릭터 등의 드로잉 작업이 가능한 벡터vector 방식의 그래픽 소프트웨어이다. 일러스트레이터를 이용하면 자유자재로 수정, 편집이 가능하고 이미지를 축소하거나 확대해도 왜곡되지 않는다.

여기서 잠깐! | **컬러 모드의 종류**

컬러 모드에는 RGB와 CMYK가 있다. RGB는 빛의 삼원색인 빨간색(R), 녹색(G), 파란색(B)을 혼합하여 색을 나타내는 방식으로, 색을 혼합할수록 흰색이 되는데 이를 가산 혼합이라고 한다. RGB는 주로 웹사이트, 파워포인트 등 화면 출력용 이미지를 만들 때 사용한다. 한편 CMYK는 청록색(C), 마젠타(M), 노란색(Y), 검은색(B)을 혼합하여 색을 나타내는 방식으로, 색을 혼합할수록 검은색이 되는데 이를 감산 혼합이라고 한다. CMYK는 주로 포스터, 카탈로그, 브로슈어 등 인쇄용 이미지를 만들 때 사용한다.

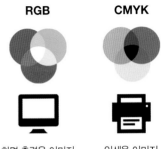

그림 7-8 **RGB와 CMYK**

일러스트레이터로 가능한 작업

■ 캐릭터 디자인

일러스트레이터로 캐릭터와 이모티콘을 만들 수 있다. 사람의 손으로는 캐릭터의 좌우, 상하 대칭을 정확하게 그리기 어렵지만 일러스트레이터를 사용하면 오차 없이 정교하게 표현할 수 있다.

그림 7-9 **캐릭터 디자인의 예**

■ 로고 디자인

로고는 명함, 브로슈어, 리플릿, 제품 디자인, 웹 디자인 등에 다양하게 활용되기 때문에 크기 조절의 제약을 받지 않는 벡터 방식의 일러스트레이터로 작업하는 것이 효율적이다.

그림 7-10 **로고 디자인의 예**

■ 타이포그래피

타이포그래피, 즉 서체는 벡터 방식의 오브젝트이므로 일러스트레이터로 작업하는 것이 좋다. 서체의 크기를 축소·확대해도 깨짐 현상이 없기 때문에 포스터, 패키지 디자인 등 다양한 곳에 활용할 수 있다.

그림 7-11 **타이포그래피의 예**

■ 패키지 디자인

패키지 디자인을 작업할 때는 패키지의 기본 형태가 되는 지기 구조를 충분히 이해해야 하며, 지기 구조를 설계할 때는 패키지에 담길 내용물의 크기와 형태를 고려하여 정확한 치수를 정하고 정교하게 작업하는 것이 중요하다. 따라서 오차 없이 정교하게 작업할 수 있는 일러스트레이터를 활용하는 것이 효과적이다.

Tip 지기(紙器)는 종이 그릇, 즉 종이 상자를 의미하며 패키지 디자인에서의 지기 구조는 종이 상자의 전개도를 말한다.

그림 7-12 **패키지 디자인의 예**

■ 사인 디자인

흔히 볼 수 있는 안내 표지판 등의 사인 디자인은 명확하고 빠른 정보 전달이 주목적이다. 예를 들어 크고 복잡한 공항에서 안내 표지판은 사람들이 목적지를 쉽고 빠르게 찾아갈 수 있도록 알려준다.

그림 7-13 **사인 디자인의 예**

■ **인포그래픽 디자인**

인포그래픽 디자인은 정보를 시각적으로 빠르고 쉽게 이해할 수 있도록 아이콘, 다이어그램 등의 형태로 함축하여 표현하기 때문에 다양한 그래픽 요소가 담긴다. 따라서 크기 변형에 제약을 받지 않는 일러스트레이터로 작업하는 것이 효율적이며 최근에는 포토샵을 혼용하기도 한다.

그림 7-14 **인포그래픽 디자인의 예**

일러스트레이터 작업 시 유의 사항

일러스트레이터는 벡터 방식으로 표현되기 때문에 화면을 확대해도 이미지가 깨져 보이는 현상이 없다. 따라서 결과물을 정확히 표현하기 위해 오브젝트를 부분 확대해서 작업할 것을 권장한다.

여기서 잠깐! | **비트맵 방식과 벡터 방식의 차이**

구분	비트맵 방식	벡터 방식
표현 방식	정사각형의 픽셀이 모여 만들어진 이미지	점, 선, 면의 요소가 모여 수학적 연산으로 만들어진 그림
특징	확대 시 이미지 깨짐 현상 발생	확대 시 이미지 깨짐 현상이 없음
활용	사진 보정, 합성(포스터, 그래픽 디자인 등)	도형, 글자 등을 그리는 작업(로고, 캐릭터, 명함 등)
관련 프로그램	포토샵, 페인터 등	일러스트레이터, 코렐드로우, 프리핸드, CAD 등

창의적 아이디어 표현 도구의 활용 예

창의적 아이디어 표현 도구로 작업한 예를 살펴봄으로써 창의적 아이디어 표현 도구를 어떻게 활용할
수 있는지 알아본다.

파워포인트는 그래픽 프로그램만큼 풍부한 표현 기능을 갖추지는 못했지만 프레젠테이션 자료를 만들기에
부족함이 없으며 사용법을 익히기도 쉽다. 반면에 포토샵과 일러스트레이터는 기능과 사용법을 배우는 데
시간이 걸리지만 머릿속의 결과물을 그대로 구현할 수 있다. 이러한 프로그램을 사용하여 학생들이 작업한
결과물을 통해 창의적 아이디어 표현 도구를 어떻게 활용할 수 있는지 알아보자.

1. '나'를 주제로 한 인포그래픽 디자인

많은 정보를 시각적으로 함축하여 보여주는 인포그래픽을 만들기 위해서는 정보를 충분히 이해해야 한다.
다음은 '나'를 주제로 작업한 인포그래픽의 예로, 마인드맵으로 핵심 키워드를 도출하고 이 핵심 키워드를
활용하여 서론, 본론, 결론으로 스토리텔링을 구성했다. 그런 다음 아이디어 표현을 위한 준비로 아이콘,
이미지, 텍스트를 배치해보는 레이아웃 과정을 거쳤다. 이렇게 아이디어 스케치를 마친 후 일러스트레이터
로 아이콘을 만들고 파워포인트를 사용하여 결과물을 완성했다.

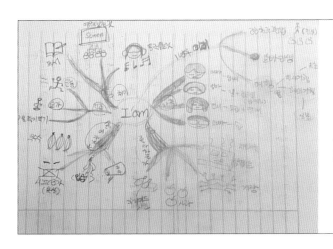

마인드맵이란?

마인드맵(mind map)은 마치 지도를 그리듯이,
자신이 여태까지 배웠던 내용이나, 자기 관리
등을 할 수 있는 방법이다.

주제와 키워드

주제 : 나

키워드 : 나의 1년 후 미래, 취미, 가족, 건강,
　　　　좋아하는것, 싫어하는것

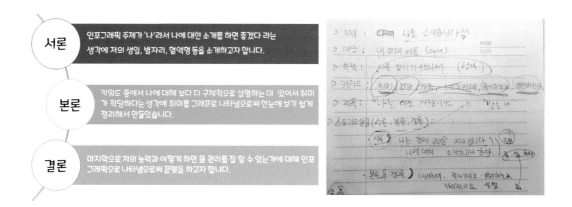

| 처음(레이아웃) | 중반(디자인) | 최종 완성 |

그림 7-15 '나'를 주제로 한 인포그래픽 디자인

2. 의료 정보 인포그래픽 디자인

다음은 의료 정보를 제공하는 인포그래픽 디자인이다. '의료 정보'를 주제로 정하고 핵심 키워드를 도출한 후 목적과 대상을 선정하여 콘셉트를 완성했다. 이러한 콘셉트를 가지고 스토리텔링을 구성하고 스토리 보드 형태로 아이디어 스케치를 했으며, 필요한 소스는 무료 이미지 사이트에서 구하고 파워포인트를 이용하여 결과물을 만들었다.

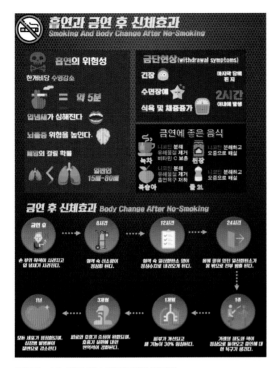

그림 7-16 **의료 정보 인포그래픽 디자인**

3. 청바지 트렌드 인포그래픽 디자인

다음은 텍스트를 이미지화하여 표현한 인포그래픽 디자인이다. 먼저 마인드맵을 활용하여 주제와 관련이 높은 핵심 키워드를 이미지화하고, 관련 정보를 추가하면서 확장하는 방식으로 아이디어 스케치를 한 후, 일러스트레이터를 아이디어 표현 도구로 사용하여 결과물을 완성했다.

Denim Map

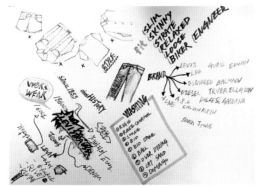

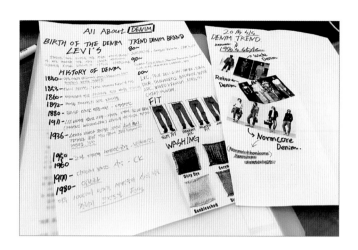

그림 7-17 청바지 트렌드 인포그래픽 디자인

4. 친환경 화분 패키지 입체 디자인

다음은 이동 가능한 화분과 모종삽을 접목한 친환경 화분 패키지의 입체 디자인이다. 마인드맵으로 핵심 키워드를 도출한 후 이를 통해 두 가지 콘셉트로 방향을 잡아 아이디어 스케치를 진행했다. 콘셉트 도출부터 시안 작업까지는 워크플로우로 작성했으며, 시안을 확정한 후 비용 절감을 위해 크라프트지, 나무 조각 등 최소한의 재료를 사용하여 결과물을 제작했다. 입체 디자인을 처음 시도하는 경우 시행착오를 겪기도 하는데, 자투리 재료로 연습해보거나 크기를 축소해서 만들어보고 문제점을 수정·보완하면 시행착오를 줄일 수 있다.

Green S   Green⁺ + See '자연을 들여다보고 발견하다'

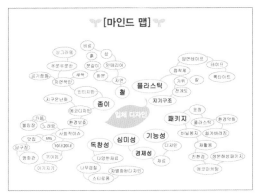

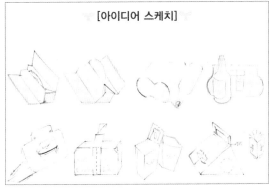

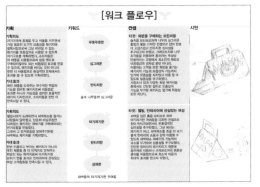

그림 7-18 **친환경 화분 패키지 입체 디자인**

다음은 선반과 시계를 분리할 수 있는 조립식 시계 선반이다. 마인드맵 단계에서는 '~를 위한'을 중심으로 가지를 뻗어나가 '반려동물', '멸종 위기 동물', '어린이', '장애우', '아프리카', '노인' 등의 키워드를 도출하고, 두 가지 콘셉트로 방향을 잡아 아이디어 스케치를 진행했다. 콘셉트 도출부터 시안 작업까지 워크플로우로 작성했으며, 쉽게 다룰 수 있고 위험성이 적은 우드록과 폼보드를 사용하여 결과물을 제작했다. 또한 지구 온난화 현상으로 생태계가 파괴되고 있다는 메시지를 전달하기 위해 빙하 위의 북극곰을 북엔드로 만들고, 선반 부분은 파란색으로 하여 빙하가 녹고 있는 바다를 표현했다. 이 조립식 시계 선반은 시계와 선반을 분리할 수 있을 뿐 아니라 선반도 분리가 가능하며 시계의 배터리를 쉽게 교환할 수 있다.

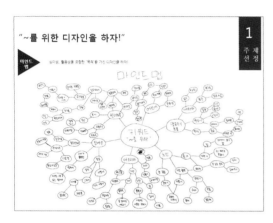

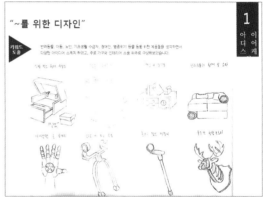

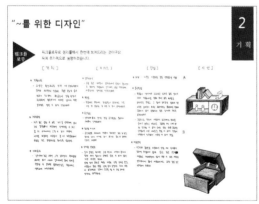

실제로 사용할 때 편리하도록

3 컨셉

실제로 사용한다고 가정해서 어떤식으로 하면 더 편리할 지 고려하였습니다.

실생활 편리

1 조립식　　　**2 배터리 교환**

- 사용하지 않을 때에는 분리해서 보관 할 수 있도록 조립식으로 제작하여 부피를 줄인다.
- 또한 조립을 하면서 한 번 더 제작목적을 상기 시킬 수 있다.

- 윗면이 롤러되어서 시계의 배터리를 교환하기 쉽도록 제작하였다.
- 또한 선반이 분리되어 있기때문에 위치를 마음대로 조절할 수 있다.

바다 위 살 곳이 없는 북극곰

3 컨셉

이 선반을 펼칠 때 책을 세워둘 수 있는 책꽂이가 작은 얼음 위 북극곰의 모양을 하고 있으므로 푸른색 선반이 바다처럼 보여서 바다위 멸종되니 살아가는 북극곰 모양을 하고 있다.

3 의미 전달

북극곰 시계선반

4 완성작품

4 디테일컷

그림 7-19 **조립식 시계 선반 입체 디자인**

6. 팝업형 입체 카드 디자인

다음은 포토샵과 일러스트레이터를 사용하여 만든 팝업형 입체 카드 디자인이다. 마인드맵 단계에서는 '생일 카드'를 주제로 '동화책', '어린아이', '성' 등의 키워드를 도출하고, 키워드 관련 이미지를 활용한 입체 카드 전개도로 아이디어 스케치를 구성했다. 이러한 전개도는 손으로 직접 그릴 수도 있고 일러스트레이터와 같은 그래픽 프로그램으로 그릴 수도 있다. 아이디어 스케치 단계에서 그린 선물 상자, 신데렐라, 백설 공주 입체 카드 전개도를 바탕으로 포토샵과 일러스트레이터를 사용하여 입체 카드를 완성했다.

2.마인드맵 : 주제 선정

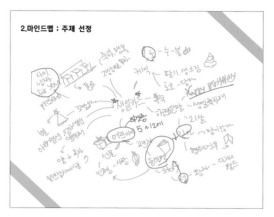

3.입체카드 디자인 작업 과정
 3-1 이미지 조사
 3-2 아이디어 스케치

동화책 팝업북
 - 선물상자
 - 신데렐라
 - 백설공주

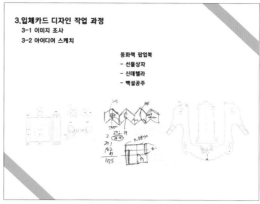

4.입체카드 디자인 과정

5.입체카드 디자인 최종결과물

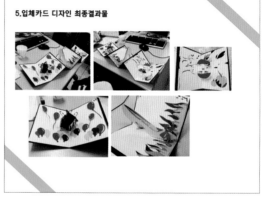

그림 7-20 **팝업형 입체 카드 디자인**

이미지 소스와 서체

창의적 아이디어 표현에 유용한 무료 이미지, 아이콘, 서체를 제공하는 사이트와 저작물 사용 시 유의사항을 알아본다.

1. 무료 이미지

상업적으로 사용 가능한 무료 이미지를 제공하는 사이트가 여러 개 있다. 그러나 이미지에 따라 사용 조건이 있거나 비용을 지불해야 하는 경우도 있으므로 이를 반드시 확인한 후 이용해야 한다.

프리큐레이션(www.freeqration.com)은 저작권 문제가 없는 이미지를 제공한다. 무료 저작권[Creative Commons Zero]을 의미하는 CC0 표시가 되어 있는 이미지는 자유롭게 사용할 수 있다. 또한 전 세계의 유명 이미지를 저장 및 추가할 수 있어 이미지 무드보드[moodboard]를 만드는 데에도 적합하다.

Tip 무드보드는 이미지, 텍스트 등으로 만든 콜라주 형태의 보드로, 주제의 전체적인 분위기를 보여주는 용도로 사용된다.

그림 7-21 **프리큐레이션**

픽사베이(www.pixabay.com)는 양질의 풍경 사진이 많은 사이트이다. 이미지를 선택하면 기종, 셔터 속도, 노출 등의 카메라 상세 정보와 다운로드 횟수, 크기, 업로드 날짜를 알 수 있다.

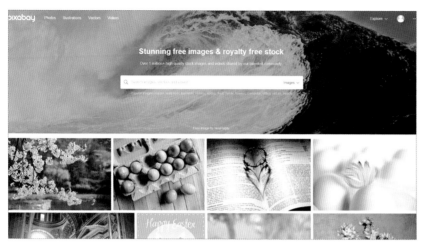

그림 7-22 **픽사베이**

디자이너스픽스(www.designerspics.com)는 개인적·상업적 용도로 사용 가능한 무료 고해상도 사진을 제공한다. 저작자 표시가 필요하지 않으며, 이미지를 선택하면 이미지가 속한 카테고리와 관련 이미지를 보여준다.

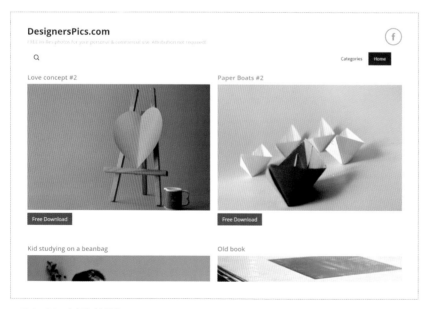

그림 7-23 **디자이너스픽스**

이 밖에 언스플래시(unsplash.com), 픽셀스(www.pexels.com), 트래블커피북(travelcoffeebook.com), 셔터스톡(www.shutterstock.com/ko), 게티이미지(mbdrive.gettyimageskorea.com) 등에서도 무료·유료 이미지를 구할 수 있으며, 외국 사이트의 경우 영어로 검색어를 입력해야 한다.

2. 무료 아이콘

더나운프로젝트(thenounproject.com), 프리픽(www.freepik.com), 플래티콘(www.flaticon.com)은 무료 아이콘을 제공하는 사이트로, 높은 해상도의 사진과 벡터(일러스트레이터에서 수정 가능), 비트맵(포토샵 레이어에서 수정 가능) 파일을 다운로드할 수 있다. 매일 새로운 아이콘이 업데이트되며, 일부 아이콘은 유료이므로 결제를 해야 상업적 이용이 가능하다. 사이트마다 사용 조건과 저작권 표시가 다르므로 확인 후 사용 조건에 따라 사용해야 한다.

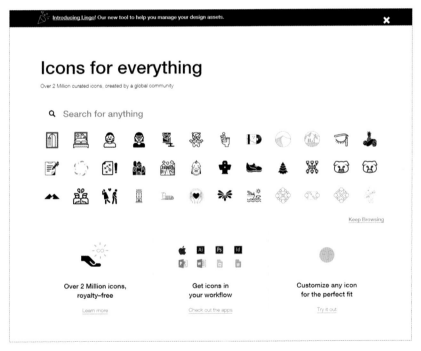

더나운프로젝트

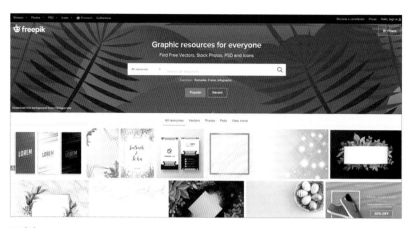

프리픽

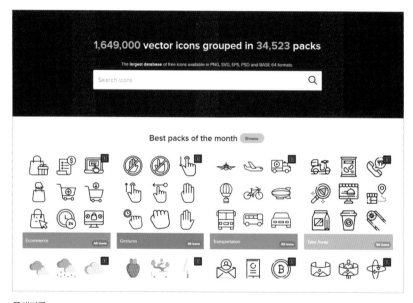

플래티콘

그림 7-24 **무료 아이콘 제공 사이트**

3. 무료 서체

영문 및 한글 서체를 무료로 다운로드할 수 있는 사이트를 알아보자. 영어 서체를 제공하는 다폰트(www. dafont.com)는 기본적인 서체 외에도 개성적인 서체를 많이 보유하고 있어 창의적 아이디어 표현 작업 시 활용하기에 좋다. 네이버에서도 자체적으로 개발한 서체를 비롯해 DX코리아, 훈디자인, 타이포디자인, 폰트릭스 등이 개발한 다양한 서체를 제공하고 있다.

이미지와 마찬가지로 서체를 상업적으로 사용할 때도 저작권법을 어기지 않는지 확인해야 한다. 간혹 카페나 블로그에서 서체를 무료로 공유하기도 하는데, 저작권이 확인되지 않은 서체를 다운로드하여 사용하지 않도록 주의한다. 저작권법상 보호 대상인지, 무료 서체인지 라이선스를 꼭 확인한 후 다운로드해야 한다.

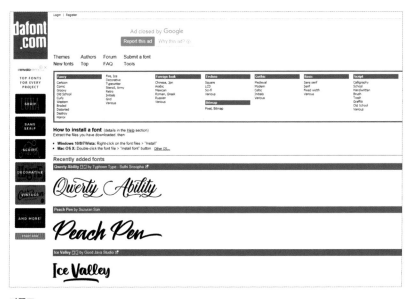

다폰트

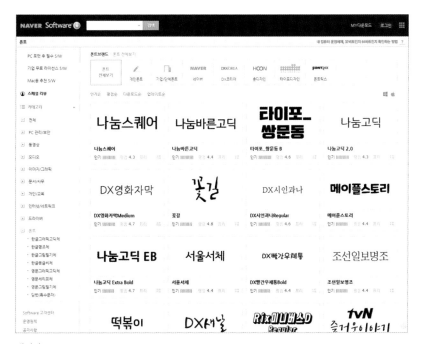

네이버

아시아폰트

그림 7-25 **무료 서체 제공 사이트**

4. 색상 가이드 사이트

색상을 조합하는 데 어려움을 겪는 사람들에게 유용한 사이트도 있다. 색상 가이드를 제공하는 어도비 컬러(color.adobe.com)는 주조색으로 사용할 만한 다섯 가지 색상을 제안한다. 어도비 그래픽 프로그램을 사용하는 전 세계 디자이너의 색상 인기도, 사용 횟수 등을 바탕으로 제시된 색상을 참고할 수 있으며, 이미지를 불러오면 이미지에 사용된 색상을 컬러 무드에 따라 제공한다.

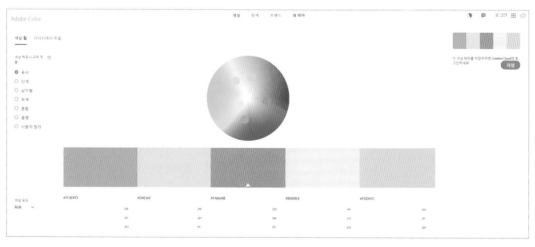

그림 7-26 **어도비 컬러**

5. 작업 결과물 공유 사이트

SNS[Social Network Service]의 활성화로 전 세계의 디자이너와 일반 사용자들이 작품을 공유하는 서비스가 생겨났는데, 개인이 큐레이터가 되어 자신의 작품 공간을 공유한다는 의미에서 이를 '비주얼 소셜 큐레이션 서비스[visual social curation service]'라고 한다. 대표적인 사이트인 핀터레스트(www.pinterest.co.kr)는 미국의 비주얼 소셜 큐레이션 서비스 중에서 방문자 순위 3위를 차지할 만큼 인기가 높다. 주제를 분류하여 보드를 만들고 핀을 꽂듯이 이미지를 저장하여 공유할 수 있다는 것이 장점이다.

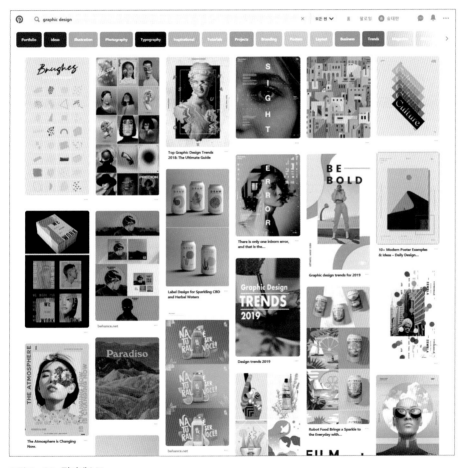

그림 7-27 **핀터레스트**

비핸스(www.behance.net)는 주로 현직 디자이너가 이용하는 포트폴리오 공유 사이트이다. 어도비 크리에이티브 클라우드로 저장된 작품을 검색할 수 있는 무료 사이트로 전 세계의 창의적인 작품을 감상할 수 있다.

그림 7-28 **비핸스**

6. 저작물 사용 시 유의 사항

이미지, 아이콘, 서체 등의 소스를 이용할 때는 저작권법에 문제가 없는지 반드시 확인해야 한다. 출처를 명시해야 하거나 상업적인 목적으로의 사용을 제한하는 경우도 있으므로 이러한 사항을 확인한 후 사용한다. 또한 정보를 이용하여 제작하는 인포그래픽의 경우 정보의 출처를 반드시 명시해야 한다. 이는 저작권법을 지키려는 의도도 있지만 공신력 있는 객관적 정보임을 나타내기도 하므로 보는 이에게 신뢰감을 줄 수 있다.

CCL$^{Creative\ Common\ License}$과 CC0$^{Creative\ Commons\ Zero}$는 저작권자의 허락을 구하지 않고 사용할 수 있는 저작물임을 나타내는 저작권 표시이다. CCL은 저작권자가 미리 제시한 저작물 사용 조건을 지킨다면 저작권자에게 따로 허락을 구하지 않고도 저작물을 사용할 수 있게 한 오픈 라이선스이다. 그리고 CC0는 저작권 보호 기간이 지났거나 저작권이 만료된 저작물 또는 저작권자가 저작권을 포기한 저작물을 나타내는 저작권 표시로, 출처를 밝히지 않고도 상업적으로 사용할 수 있다.

저작물은 사전 협의에 의한 목적 외에는 다른 용도로 사용할 수 없으며, 임의로 저작물을 변경하거나 이차적 저작물을 제작하려면 반드시 저작권자에게 동의를 받아야 한다. 또한 저작물의 이용을 허락받았더라도 저작권자의 동의 없이 이용 허락권을 처분하거나 저작권자의 인격적 권리를 침해하는 것은 저작권법에 위배된다.

표 7-3 CCL의 허락 조건

허락 조건	기호	설명
CC0		저작권이 소멸된 저작물로 저작권이 만료된 상태이거나 저작권자가 저작권을 포기함
CC		저작물을 공유함
저작자 표시(BY)		저작자 이름, 출처 등 저작자에 대한 사항을 반드시 표시해야 함
비영리(NC)		저작물을 영리 목적으로 이용할 수 없음
변경 금지(ND)		저작물을 변경하거나 저작물을 이용한 이차적 저작물 제작을 금지함
동일 조건 변경 허락(SA)		동일한 라이선스 표시 조건하에 저작물을 활용한 다른 저작물 제작을 허용함

표 7-4 CCL 표기

라이선스	문자 표기	의미
	CC BY	저작자 표시
	CC BY-NC	저작자 표시-비영리
	CC BY-ND	저작자 표시-변경 금지
	CC BY-SA	저작자 표시-동일 조건 변경 허락
	CC BY-NC-SA	저작자 표시-비영리-동일 조건 변경 허락
	CC BY-NC-ND	저작자 표시-비영리-변경 금지

핵심 정리

1 파워포인트

- 마이크로소프트에서 개발한 파워포인트는 학교나 회사 등에서 발표를 할 때 시청각 보조 자료로 활용되는 소프트웨어이다.
- 파워포인트로 가능한 작업은 발표 자료·도표·그래프·인포그래픽 제작, 간단한 그래픽 편집 등이다.

2 포토샵

- 어도비에서 개발한 포토샵은 사진 편집 작업을 위한 비트맵 방식의 그래픽 소프트웨어이다.
- 포토샵으로 가능한 작업은 이미지 보정·합성·편집, 광고 포스터 디자인, 캘리그래피, 웹디자인, 모바일 앱 디자인 등이다.

3 일러스트레이터

- 어도비에서 개발한 일러스트레이터는 그래프, 문자, 캐릭터 등의 드로잉 작업이 가능한 벡터 방식의 그래픽 소프트웨어이다.
- 일러스트레이터로 가능한 작업은 캐릭터 디자인, 로고 디자인, 타이포그래피, 패키지 디자인, 사인 디자인, 인포그래픽 디자인 등이다.

4 컬러 모드의 종류

- **RGB:** 빛의 삼원색인 빨간색(R), 녹색(G), 파란색(B)을 혼합하여 색을 나타내는 방식이며, 주로 웹사이트, 파워포인트 등 화면 출력용 이미지를 만들 때 사용한다.
- **CMYK:** 청록색(C), 마젠타(M), 노란색(Y), 검은색(B)을 혼합하여 색을 나타내는 방식이며, 주로 포스터, 카탈로그, 브로슈어 등 인쇄용 이미지를 만들 때 사용한다.

08

창의적 아이디어 표현 프로젝트 I :
재활용 홍보 인포그래픽

학습 목표

- 융합적 사고 기법을 활용하여 인포그래픽을 제작할 수 있다.
- 창의적 아이디어 표현 능력을 배양할 수 있다.

창의적 아이디어 표현 프로젝트 I의 개요

인포그래픽은 정보, 데이터, 지식을 빨리 이해할 수 있도록 시각적으로 함축하여 표현하는 것이다. 이 장에서는 앞서 배운 디자인 씽킹의 프로세스와 융합적 사고 기법을 적용하여 재활용 홍보 인포그래픽을 제작하는 프로젝트를 진행할 것이다. 인포그래픽의 경우 기획 단계에서 정보를 전달하려는 대상과 정보 전달의 목적을 구체적으로 정해야 한다. 대상과 목적이 구체적일수록 아이디어를 떠올리는 데 도움이 된다.

이 프로젝트는 확산적 사고를 통한 마인드맵으로 문제를 발견하는 데에서 시작한다. 주제를 선정한 후 핵심 키워드를 도출하고 대상과 목적을 고려하여 콘셉트를 설정한다. 그런 다음 하이라이팅을 활용하여 최적 아이디어를 도출하고, 자신이 잘 다룰 수 있는 프로그램을 사용하여 아이디어 표현 결과물을 제작한다.

1단계 공감 (문제 발견)		2단계 정의 (문제 해석)		3단계 창의적 아이디어 발상		4단계 창의적 아이디어 표현		5단계 아이디어 발표 및 마무리
마인드맵으로 문제를 발견하고 인터뷰로 문제의 실마리를 찾는 단계	→	질문을 통해 진짜 문제를 정의하는 단계	→	융합적 사고 기법을 활용하여 아이디어를 발상하는 단계	→	아이디어 스케치를 하고 결과물을 제작하는 단계	→	최종 아이디어를 발표하고 피드백을 주고받는 단계

그림 8-1 **창의적 아이디어 표현 프로젝트 I의 프로세스**

3단계에서는 융합적 사고 기법 중에서도 M-HL 기법의 하이라이팅을 활용한다. M-HL 기법은 마인드맵과 하이라이팅을 융합한 것이지만, 1단계에서 마인드맵을 실행하므로 생략하고 하이라이팅만을 적용하여 아이디어를 발상한다.

SECTION 02

창의적 아이디어 표현 프로젝트 I의 1단계: 공감(문제 발견)

공감은 문제에 접근하기 위해 사용자를 관찰하여 요구 사항을 파악하는 문제 발견의 과정이다.

실습 예제 8-1 | 공감을 위한 마인드맵

'플라스틱'을 주제로 마인드맵을 적용하여 핵심 키워드를 도출한다.

제목	공감을 위한 마인드맵
주제	플라스틱

핵심 키워드	환경오염, 쓰레기, 재활용

공감(문제 발견)을 통해 선정된 문제에 관해 강의실에 있는 학생들에게 인터뷰를 시도해보자. 질문을 정리한 실습지를 미리 준비한 후 인터뷰 대상자를 선정하여 인터뷰를 진행하고 답변을 적는다. 이때 대상자의 답변을 잘 이해하고 정리하는 것이 중요하다.

제목	**재활용 방법에 대해 인터뷰하기**	
주제	환경을 살리기 위한 재활용 방법은 무엇인가?	
	질문	답변
인터뷰 질문과 답변	1 쓰레기를 줄이는 방법에는 어떤 것이 있을까?	일상생활에서 사용하는 모든 물건을 습관처럼 재활용한다.
	2 어떻게 쓰레기 분리수거를 해야 할까?	종이, 비닐, 플라스틱, 캔 등으로 분류하여 배출한다.
	3 자신이 생각하기에 가장 유용한 재활용 방법은?	플라스틱 컵을 화분으로 재활용하거나 커피 원두 찌꺼기를 탈취제로 사용한다.
	4 쓰레기 분리수거 외에 재활용을 할 수 있는 방법은?	에너지를 절약하고 생활환경의 오염을 방지한다.
	5 분리 배출 표시를 알고 있는가?	플라스틱이나 종이 외에는 자세히 모른다.
	6 일상생활에서 재활용할 수 있는 제품에는 어떤 것이 있을까?	플라스틱 용기, 쇼핑백, 비닐 등
	7 가정에서 실천하고 있는 쓰레기 줄이는 방법은?	음식물 쓰레기를 최대한 줄이고, 재활용이 가능하도록 택배 상자의 테이프를 제거한다.
	8 일회용품을 사용하고 있는가?	일회용 컵 대신 텀블러를 사용한다.
	9 왜 재활용을 해야 하는가?	환경을 살리고 재활용을 통해 새로운 자원을 얻을 수 있다.
	10 플라스틱 대체품에는 어떤 것이 있을까?	종이 빨대, 나무 스틱, 알루미늄 포장 용기 등
인터뷰 핵심 내용	Q1. 대상은 누구인가? A1. 환경을 살리기 위한 재활용의 필요성과 방법을 모르는 대학생들 Q3. 재활용이 왜 필요한가? A3. 환경을 살리고 재활용을 통해 새로운 자원을 얻을 수 있다. Q4. 문제는 무엇인가? A4. 많은 양의 쓰레기 중 '플라스틱' 재활용에 대한 문제를 인식하고 대체 방법을 생각한다. Q5. 어떻게 해결해야 하는가? A5. 플라스틱을 대체할 수 있는 것과 분리 배출 표시에 대한 정보를 알려주어 재활용을 실천하게 한다.	

창의적 아이디어 표현 프로젝트 I의 2단계: 정의(문제 해석)

정의는 진짜 문제가 무엇인지 찾고 문제 해결을 위한 방향을 정하며 해결해야 할 문제가 무엇인지 깊이 있게 생각해보는 단계이다. '어떻게 하면 …을 할 수 있을까?'라는 질문의 빈 부분을 상황에 맞게 채워 넣으면 구체적으로 문제 정의를 할 수 있다.

실습 예제 8-3 | 재활용 문제 정의하기

진짜 문제를 찾기 위해 공감 단계에서 수집한 인터뷰 자료를 바탕으로 '어떻게 하면 …을 할 수 있을까?'라는 질문을 활용하여 문제를 분석하고 정의한다.

제목	재활용 문제 정의하기
주제	환경을 살리기 위한 플라스틱 사용 최소화 방법
문제 정의	• 어떻게 하면 플라스틱을 대체할 수 있을까? • 어떻게 하면 재활용을 잘할 수 있을까? • 어떻게 하면 플라스틱 대체품을 만들 수 있을까?
콘셉트	환경을 살리기 위해 플라스틱 사용을 최소화하도록 플라스틱을 대체하는 방법을 알린다.

SECTION 04 창의적 아이디어 표현 프로젝트 I의 3단계: 창의적 아이디어 발상

M-HL 기법의 하이라이팅을 활용하여 아이디어를 발상하고 문제 해결을 위한 최적 아이디어를 도출한다.

실습 예제 8-4   아이디어 열거하고 히트 아이디어 선택하기

1단계에서 도출된 핵심 키워드에 하이라이팅을 적용하여 아이디어를 열거하고, 아이디어 중에서 적절하다고 여겨지는 히트 아이디어를 선택한다.

제목	아이디어 열거하고 히트 아이디어 선택하기
주제	환경을 살리기 위한 플라스틱 사용 최소화 방법
아이디어 열거하기	1. 플라스틱 컵을 화분으로 재활용한다. 2. 커피 원두 찌꺼기를 탈취제로 사용한다. 3. 일회용 컵 대신 텀블러를 사용한다. 4. 택배 상자의 테이프를 제거한다. 5. 플라스틱 빨대 대신 종이 빨대를 사용한다. 6. 에너지를 절약하기 위해 사용하지 않는 전등을 끈다. 7. 음식물 쓰레기의 양을 최소화한다. 8. 분리 배출 표시를 익힌다. 9. 플라스틱 용기 대신 전용 용기를 사용한다. 10. 비닐 사용을 최소화하고 종이 가방이나 장바구니를 사용한다. 11. 포장 용기를 최소화한다.
히트 아이디어 선택하기	1. 플라스틱 컵을 화분으로 재활용한다. 3. 일회용 컵 대신 텀블러를 사용한다. 5. 플라스틱 빨대 대신 종이 빨대를 사용한다. 8. 분리 배출 표시를 익힌다. 10. 비닐 사용을 최소화하고 종이 가방이나 장바구니를 사용한다.

실습 예제 8-5	적중 영역별 분류하기

히트 아이디어를 서로 관련 있는 것끼리 묶는다.

제목	적중 영역별 분류하기		
주제	환경을 살리기 위한 플라스틱 사용 최소화 방법		
적중 영역별 분류하기	기능적 측면	경제적 측면	예술·미학적 측면
	1. 플라스틱 컵을 화분으로 재활용한다. 5. 플라스틱 빨대 대신 종이 빨대를 사용한다. 10. 비닐 사용을 최소화하고 종이 가방이나 장바구니를 사용한다.	3. 일회용 컵 대신 텀블러를 사용한다. 8. 분리 배출 표시를 익힌다.	1. 플라스틱 컵을 화분으로 재활용한다. 3. 일회용 컵 대신 텀블러를 사용한다.

실습 예제 8-6	적중 영역 검토 및 재진술하기

적중 영역을 검토하고 그 의미를 재진술한다. 재진술할 때 가장 적합하다고 판단되는 문제 해결책을 정리한다.

제목	적중 영역 검토 및 재진술하기
주제	환경을 살리기 위한 플라스틱 사용 최소화 방법
적중 영역 검토 및 재진술하기	환경오염을 방지하기 위해 플라스틱 사용을 최소화하는 방법을 알아본다. 플라스틱 컵을 화분으로 재활용하고 일회용 컵을 텀블러로 대체한다. 또한 플라스틱 빨대 대신 종이 빨대를 사용하고 포장 용기를 최소화한다. 플라스틱을 대체할 수 있는 것과 분리 배출 표시에 대한 정보를 알려주어 재활용을 실천하게 한다.

앞에서 도출된 아이디어가 주제에 적합한지 평가하고 정리하여 최종 아이디어를 만든다.

제목	최종 아이디어 다듬기
주제	환경을 살리기 위한 플라스틱 사용 최소화 방법
핵심 키워드	환경오염, 재활용, 쓰레기, 플라스틱
콘셉트	환경을 살리기 위해 플라스틱 사용을 최소화하도록 플라스틱을 대체하는 방법을 알린다.
아이디어 열거하기	□ 플라스틱 컵을 화분으로 재활용한다. □ 커피 원두 찌꺼기를 탈취제로 사용한다. □ 일회용 컵 대신 텀블러를 사용한다. □ 택배 상자의 테이프를 제거한다. □ 플라스틱 빨대 대신 종이 빨대를 사용한다. □ 에너지를 절약하기 위해 사용하지 않는 전등을 끈다. □ 음식물 쓰레기의 양을 최소화한다. □ 분리 배출 표시를 익힌다. □ 플라스틱 용기 대신 전용 용기를 사용한다. □ 비닐 사용을 최소화하고 종이 가방이나 장바구니를 사용한다. □ 포장 용기를 최소화한다.
히트 아이디어 선택하기	☑ 플라스틱 컵을 화분으로 재활용한다. ☑ 일회용 컵 대신 텀블러를 사용한다. ☑ 플라스틱 빨대 대신 종이 빨대를 사용한다. ☑ 분리 배출 표시를 익힌다. ☑ 비닐 사용을 최소화하고 종이 가방이나 장바구니를 사용한다.
최종 아이디어 다듬기	환경오염을 방지하기 위해 플라스틱 사용을 최소화하는 방법을 알아본다. 플라스틱 컵을 화분으로 재활용하고 일회용 컵을 텀블러로 대체한다. 또한 플라스틱 빨대 대신 종이 빨대를 사용하고 포장 용기를 최소화한다. 플라스틱을 대체할 수 있는 것과 분리 배출 표시에 대한 정보를 알려주어 재활용을 실천하게 한다.

창의적 아이디어 표현 프로젝트 I의 4단계: 창의적 아이디어 표현

융합적 사고 기법을 통해 도출된 아이디어를 시각적 표현으로 구체화한다.

실습 예제 8-8 | 아이디어 스케치 및 결과물 제작하기

간단히 아이디어 스케치를 한 다음 아이디어 표현 도구를 사용하여 구체적으로 표현한다.

제목	아이디어 스케치 및 결과물 제작하기
주제	환경을 살리기 위한 플라스틱 사용 최소화 방법
대상 및 목적	• 대상: 플라스틱을 사용하는 모든 사람 • 목적: 일상생활에서 플라스틱 사용을 줄이는 방법을 알려줌/환경오염을 줄이는 방법을 알려줌/플라스틱 사용 실태 파악
콘셉트	환경을 살리기 위해 플라스틱 사용을 최소화하도록 플라스틱을 대체하는 방법을 알린다.
스토리텔링	• 서론: 과도하게 쓰이는 일상생활 속 플라스틱 제품 소개/재활용품의 분류 • 본론: 플라스틱 대체품 소개/플라스틱 제로화 방안/장바구니 사용/커피 원두 찌꺼기 재활용/일회용 컵 대신 텀블러 사용/플라스틱 사용 줄이기 • 결론: 환경오염 실태 및 실천 방안
아이디어 스케치	

아이디어 소스	
최종 결과물	

창의적 아이디어 표현 프로젝트 I의 5단계: 아이디어 발표 및 마무리

아이디어 표현의 결과물을 공유하는 단계로, 최종 아이디어가 도출된 과정을 발표하고 피드백을 주고받아 수정·보완함으로써 완성도 높은 결과물을 만들어낼 수 있다.

실습 예제 8-9 | 아이디어 발표 및 피드백 주고받기

아이디어 표현의 결과물이 완성되면 발표를 한 후 아이디어에 대해 토론을 하고 피드백을 주고받는다.

제목	아이디어 발표 및 피드백 주고받기
주제	환경을 살리기 위한 플라스틱 사용 최소화 방법
대상 및 목적	• 대상: 플라스틱을 사용하는 모든 사람 • 목적: 일상생활에서 플라스틱 사용을 줄이는 방법을 알려줌/환경오염을 줄이는 방법을 알려줌/플라스틱 사용 실태 파악
콘셉트	환경을 살리기 위해 플라스틱 사용을 최소화하도록 플라스틱을 대체하는 방법을 알린다.
제작 과정	

제작 과정	
최종 결과물	
발표 및 토론	 

스스로 해보는
창의적 아이디어 표현 프로젝트 I

스스로 주제를 정하고 앞의 각 단계에서 제시한 [실습 예제]를 참고하여 프로젝트를 진행해보자.

실습 과제 8-1 　공감을 위한 마인드맵

자유롭게 주제를 선정하고 마인드맵을 적용하여 핵심 키워드를 도출한다.

제목	공감을 위한 마인드맵				
주제					
이름		학번		일자	

자유 주제
마인드맵

핵심 키워드	

실습 과제 8-2 | 주제에 대해 인터뷰하기

질문을 미리 준비한 후 인터뷰 대상자를 선정하여 인터뷰를 진행하고 답변을 정리한다.

제목	주제에 대해 인터뷰하기				
주제					
이름		학번		일자	

		질문	답변
인터뷰 질문과 답변	1		
	2		
	3		
	4		
	5		
	6		
	7		
	8		
	9		
	10		
인터뷰 핵심 내용			

실습 과제 8-3 | 주제에 관한 문제 정의하기

진짜 문제를 찾기 위해 공감 단계에서 수집한 인터뷰 자료를 바탕으로 '어떻게 하면 …을 할 수 있을까?'라는 질문을 활용하여 문제를 분석하고 정의한다.

제목	주제에 관한 문제 정의하기				
주제					
이름		학번		일자	
문제 해석 (진짜 문제 찾기)					
문제 정의					

아이디어 열거하고 히트 아이디어 선택하기

핵심 키워드에 하이라이팅을 적용하여 아이디어를 열거하고, 아이디어 중에서 적절하다고 여겨지는 히트 아이디어를 선택한다.

제목	아이디어 열거하고 히트 아이디어 선택하기				
주제					
이름		학번		일자	
아이디어 열거하기					
히트 아이디어 선택하기					

실습 과제 8-5	적중 영역별 분류하기

히트 아이디어를 서로 관련 있는 것끼리 묶는다.

제목	적중 영역별 분류하기				
주제					
이름		학번		일자	
적중 영역별 분류하기					

실습 과제 8-6	적중 영역 검토 및 재진술하기

적중 영역을 검토하고 그 의미를 재진술한다. 재진술할 때 가장 적합하다고 판단되는 문제 해결책을 정리한다.

제목	적중 영역 검토 및 재진술하기				
주제					
이름		학번		일자	
적중 영역 검토 및 재진술하기					

최종 아이디어 다듬기

앞에서 도출된 아이디어가 주제에 적합한지 평가하고 정리하여 최종 아이디어를 만든다.

제목	최종 아이디어 다듬기				
주제					
이름		학번		일자	
핵심 키워드					
콘셉트					
아이디어 열거하기					
히트 아이디어 선택하기					
최종 아이디어 다듬기					

실습 과제 8-8 │ 아이디어 스케치 및 결과물 제작하기

간단히 아이디어 스케치를 한 다음 아이디어 표현 도구를 사용하여 구체적으로 표현한다.

제목	아이디어 스케치 및 결과물 제작하기				
주제					
이름		학번		일자	
대상 및 목적					
콘셉트					
스토리텔링					
아이디어 스케치					
아이디어 소스					
최종 결과물					

아이디어 발표 및 피드백 주고받기

아이디어 표현의 결과물이 완성되면 발표를 한 후 아이디어에 대해 토론을 하고 피드백을 주고받는 시간을 갖는다.

제목	아이디어 발표 및 피드백 주고받기				
주제					
이름		학번		일자	
대상 및 목적					
콘셉트					
제작 과정					
최종 결과물					
발표 및 토론					
피드백 및 수정 사항					

창의적 아이디어 표현 프로젝트 II:
공모전 준비하기

학습 목표

- 융합적 사고 기법을 활용하여 제안서를 작성할 수 있다.
- 창의적 아이디어 표현 결과물을 제작하여 공모전에 출품할 수 있다.

창의적 아이디어 표현 프로젝트 II의 개요

대학창의발명대회는 특허청과 한국과학기술단체총연합회가 주최하는 공모전으로 창의력 있는 우수 발명 인재를 발굴하여 권리화·사업화를 지원하고 참여자의 지식재산권에 대한 인식을 제고하는 국내 최대의 창의발명대회이다. 대학창의발명대회는 전공을 불문하고 참신한 아이디어를 가진 학생이라면 누구나 참여할 수 있다. 이 장에서는 디자인 씽킹의 프로세스와 융합적 사고 기법을 적용하여 아이디어 결과물을 만들고 대학창의발명대회 등의 공모전에 출품하는 과정을 살펴본다.

창의적 아이디어 표현 프로젝트 II는 다음과 같은 과정으로 진행된다.

1단계 공감 (문제 발견)	2단계 정의 (문제 해석)	3단계 창의적 아이디어 발상	4단계 창의적 아이디어 표현	5단계 아이디어 발표 및 마무리
마인드맵으로 문제를 발견하고 인터뷰로 문제의 실마리를 찾는 단계	질문을 통해 진짜 문제를 정의하는 단계	융합적 사고 기법을 활용하여 아이디어를 발상하는 단계	아이디어 스케치를 하고 결과물을 제작하는 단계	제안서를 작성하여 공모전에 출품하는 단계

그림 9-1 **창의적 아이디어 표현 프로젝트 II의 프로세스**

3단계에서는 융합적 사고 기법 중에서도 M-SP 기법의 스캠퍼와 PMI 기법을 활용한다. M-SP 기법은 마인드맵, 스캠퍼, PMI 기법을 융합한 것이지만 1단계에서 마인드맵을 실행하므로 생략하고 스캠퍼와 PMI 기법만을 적용하여 아이디어를 발상한다.

SECTION 02

창의적 아이디어 표현 프로젝트 II의 1단계: 공감(문제 발견)

공감은 문제를 발견하고 해결하기 위해 사용자의 요구 사항을 파악하는 필수 과정이다.

실습 예제 9-1 | 공감을 위한 마인드맵

'생활용품'을 주제로 마인드맵을 적용하여 핵심 키워드를 도출한다.

제목	공감을 위한 마인드맵
주제	생활용품

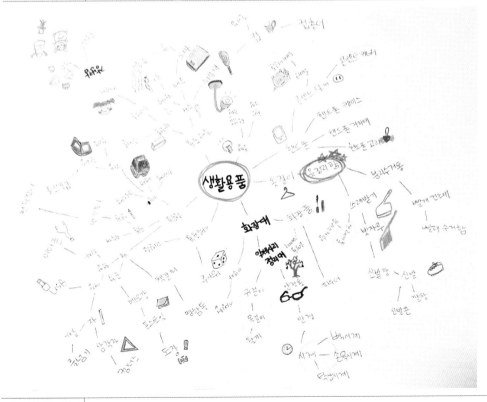

핵심 키워드	옷, 짐 정리, 수납함

발견된 문제에 관해 강의실에 있는 학생들에게 인터뷰를 시도해보자. 질문을 정리한 실습지를 미리 준비한 후 인터뷰 대상자를 선정하여 인터뷰를 진행하고 답변을 적는다. 이때 대상자의 답변을 잘 이해하고 정리하는 것이 중요하다.

제목	**방 정리에 대해 인터뷰하기**	
주제	자신의 방에서 불편한 점은 무엇인가?	
	질문	답변
인터뷰 질문과 답변	1 자신의 방에 무엇이 있는가?	책상, 침대, 책장, 의자, 옷장, 화장대 등
	2 자신의 방에 무엇이 필요한가?	옷걸이, 수납함, 서랍장, 책꽂이 등
	3 자신의 방에서 불필요한 물건은 무엇인가?	화장대, 화장대 의자, 책장 등
	4 자신의 방에서 불편한 점은 무엇인가?	좁은 공간, 많은 옷·책·잡동사니 등
	5 방 정리는 언제 하는가?	계절이 바뀔 때 대청소를 하면서 정리하고 평소에는 주말이나 틈틈이 정리한다.
	6 방 정리를 할 때 어려운 점은 무엇인가?	정리해도 금방 지저분해지고 물건을 빨리 찾을 수 없다.
	7 자신의 방에서 정리해야 하는 물건은 무엇인가?	많은 옷·책·화장품 등
	8 방 청소는 누가 하는가?	자신, 가족
	9 방 정리의 기준은 무엇인가?	공간의 효율성
	10 효율적인 방 정리 방법은 무엇이라고 생각하는가?	수납함을 일체형으로 만들어 잘 활용한다.
인터뷰 핵심 내용	Q1. 대상은 누구인가? A1. 대학생 Q2. 무엇이 필요한가? A2. 공간을 잘 활용하여 수납이 가능하도록 정리하는 것 Q3. 왜 수납 정리 도구가 필요한가? A3. 좁은 공간을 효율적으로 사용하고 많은 물건 중에서 원하는 것을 한 번에 찾을 수 있다. Q4. 문제는 무엇인가? A4. 정리해도 금방 지저분해지고 물건을 빨리 찾을 수 없다. Q5. 어떻게 해결해야 하는가? A5. 수납 정리 도구를 사용하여 찾기 쉽게 분류·정리한다.	

창의적 아이디어 표현 프로젝트 II의 2단계: 정의(문제 해석)

정의 단계에서 문제를 명확하게 정의하면 아이디어의 발상이 보다 쉬워진다. 문제를 정의하는 방법 중에서 가장 효과적인 것은 질문 활용이다. '어떻게 하면 …을 할 수 있을까?'라는 질문의 빈 부분을 상황에 맞게 채워 넣으면 구체적으로 문제 정의를 할 수 있다.

실습 예제 9-3 | 옷 정리 문제 정의하기

진짜 문제를 찾기 위해 공감 단계에서 수집한 인터뷰 자료를 바탕으로 '어떻게 하면 …을 할 수 있을까?'라는 질문을 활용하여 문제를 분석하고 정의한다.

제목	옷 정리 문제 정의하기
주제	사계절 내내 손쉽게 옷을 정리하는 방법
문제 정의	• 어떻게 하면 많은 옷을 손쉽게 정리할 수 있을까? • 어떻게 하면 옷의 부피를 줄일 수 있을까? • 어떻게 하면 수납 정리 도구를 만들 수 있을까?
콘셉트	사계절 내내 손쉽게 옷을 정리할 수 있는 수납 정리 도구를 만든다.

창의적 아이디어 표현 프로젝트 II의 3단계: 창의적 아이디어 발상

M-SP 기법의 스캠퍼와 PMI 기법을 활용하여 아이디어를 발상하고 문제 해결을 위한 최적 아이디어를 도출한다.

실습 예제 9-4 | 스캠퍼를 활용하여 아이디어 선택하기

사계절 내내 손쉽게 옷을 정리할 수 있는 수납 정리 도구를 만들기 위해 스캠퍼를 적용하여 아이디어를 열거하고 최적 아이디어를 선택한다.

제목	스캠퍼를 활용하여 아이디어 선택하기	
주제	사계절 내내 손쉽게 옷을 정리하는 방법	
스캠퍼	질문	아이디어
대체하기(S)	옷장을 다른 것으로 대체할 수 있을까?	책꽂이를 옷장으로 사용한다. 옷을 접어서 계절별로 분류하여 책을 꽂듯이 넣는다.
결합하기(C)	옷장과 책장을 결합하면 어떨까?	옷이 흐트러지지 않게 책꽂이를 정리함 안에 넣는다 (책꽂이+정리함).
적용하기(A)	도구를 이용하여 옷을 접을 수 있을까?	옷을 쉽게 접을 수 있게 해주는 보조 제품(예: 접이식 폴더)을 추가한다.
수정하기(M)	옷을 수납하는 공간을 바꾸면 어떨까?	옷을 더 작게 포개어 접는다(소형화).
용도 변경하기(P)	옷장을 책장 형태로 바꾸면 어떨까?	옷의 부피에 따라 칸의 간격을 조정할 수 있는 이동식 선반을 만든다.
제거하기(E)	옷장 문을 제거하면 어떨까?	블라인드를 설치하여 자주 입는 옷 부분은 편하게 꺼낼 수 있도록 열어두고 계절이 지난 옷 부분은 블라인드를 내려놓는다.
재정리하기(R)	손쉽게 정리할 수 있도록 책장을 재정리하면 어떨까?	책장의 칸막이를 옷 정리함으로 활용한다. 칸막이마다 색상별로 옷을 구분하여 정리한다.
최종 아이디어	• 옷이 흐트러지지 않게 책꽂이를 정리함 안에 넣는다(책꽂이+정리함). • 옷을 쉽게 접을 수 있게 해주는 보조 도구(예: 접이식 폴더)를 추가한다.	

| 실습 예제 9-5 | 장점, 단점, 흥미로운 점 찾기 |

스캠퍼로 도출한 아이디어에 PMI 기법을 적용하여 장점, 단점, 흥미로운 점을 찾는다.

제목	장점, 단점, 흥미로운 점 찾기		
주제	사계절 내내 손쉽게 옷을 정리하는 방법		
스캠퍼로 아이디어 선택하기	• 옷이 흐트러지지 않게 책꽂이를 정리함 안에 넣는다(책꽂이＋정리함). • 옷을 쉽게 접을 수 있게 해주는 보조 제품(예: 접이식 폴더)을 추가한다.		
	장점	단점	흥미로운 점
장점, 단점, 흥미로운 점 찾기	• 옷을 계절별로 구분할 수 있다. • 옷이 구겨지지 않는다. • 옷을 쉽게 찾을 수 있다. • 짐을 줄일 수 있다. • 어떤 옷이 있는지 쉽게 확인할 수 있다. • 옷장을 정리하기 쉽다.	• 옷장에 맞추어 정리할 수 있는 옷의 개수가 한정적이다. • 옷이 분류된 상태에서 새로운 옷을 추가하려면 다시 분류하여 배치해야 한다. • 보조 도구로 상의만 접을 수 있다(상의와 하의를 모두 접을 수 있는 보조 도구를 만들기 어렵다).	• 플라스틱 소재로 만들면 가볍기는 하지만 옷을 꺼낼 때 잘 부러지지는 않을까? • 가볍고 견고한 소재는 무엇일까? • 옷장의 공간 확보를 위한 정리함의 크기는 어느 정도일까? • 책꽂이 형태로 옷을 세워서 정리할 수 있을까?

최종 아이디어 다듬기

앞에서 도출된 아이디어가 주제에 적합한지 평가하고 정리하여 최종 아이디어를 만든다.

제목	최종 아이디어 다듬기
주제	사계절 내내 손쉽게 옷을 정리하는 방법
최종 아이디어 다듬기	사계절 옷을 손쉽게 정리할 수 있는 수납 정리 도구를 개발한다. 공간을 확보할 수 있도록 정리 도구의 크기를 정하고 무게와 견고성을 고려하여 초경량 소재를 사용한다. 옷을 계절별로 분류할 수 있으면서 넣고 꺼내기 쉬운 접이식 폴더 형태로 유연성이 있게 만든다. 정면 연결부 이음부 의류 수납 → 이음부 연결부 조립식 : 추가 가능 연결부 의류 수납 이음부

창의적 아이디어 표현 프로젝트 II의 4단계: 창의적 아이디어 표현

융합적 사고 기법을 통해 도출된 아이디어를 시각적 표현으로 구체화한다.

실습 예제 9-7 | 페르소나 작성, 아이디어 스케치 및 결과물 제작하기

가상의 사용자인 페르소나와 문제점, 해결점을 작성하고 아이디어 스케치를 한 후 아이디어 표현 도구를 활용하여 공모전에 출품할 결과물을 완성한다. 문제점을 작성할 때는 자료 조사를 하여 현재 기술 현황과 문제점을 파악하고, 참고한 보도 자료나 문헌이 있다면 이를 밝힌다.

제목	페르소나 작성, 아이디어 스케치 및 결과물 제작하기	
목적	옷장 공간의 효율적 활용/옷을 쉽고 빠르게 찾음/마찰로 인한 옷 손상 방지	
콘셉트	사계절 내내 손쉽게 옷을 정리할 수 있는 수납 정리 도구를 만든다.	
사용자 페르소나	이름/성별/연령/거주 지역/전공	사용자 이미지
	제니/여/22세/서울/컴퓨터공학	
	취미	성격
	• 화장품 모으기　• 정리하기 • 동아리 활동 하기　• 음악 듣기 • 독서하기　• 메모하기	• 낙천적이다. • 세심한 성격으로 친구의 고민을 잘 들어준다. • 남을 많이 의식하는 편이다. • 시작한 일은 끝까지 해내는 편이다.
	행동/버릇	라이프스타일(일상)
	• 운동을 좋아하며 늘 텀블러를 들고 다니면서 물을 많이 마신다. • 음악 듣는 것을 좋아하여 이어폰을 자주 꽂고 있다. • 메모하는 습관이 있다.	• 취미로 악기를 배우러 다닌다. • 패션에 관심이 많고 커피를 즐겨 마신다. • 다양한 분야에 관심이 많아 교양 수업을 많이 듣는다. • 노트북, 책, 가방 등의 짐이 늘 많다.

문제점	• 옷장에 빈틈없이 채워 넣으면 필요한 옷을 꺼낼 때 시간이 오래 걸린다.
	• 포개진 옷을 꺼낼 때 다른 옷이 흐트러진다.
	• 계절이 바뀔 때마다 옷 정리를 해도 얼마 지나지 않아 옷이 뒤섞인다.
	• 원하는 옷을 쉽고 빠르게 찾기 어렵다.
	• 옷이 서로 맞닿으면 마찰로 인해 보풀이 생길 수 있다.
해결점	• 쉽게 옷을 접어 보관할 수 있는 폴더형 트레이를 만든다.
	• 옷을 쌓아 올리면 상자 형태가 되므로 정리 정돈 효과가 있다.
	• 옷을 분류하여 정리할 수 있고 중간에 있는 옷을 꺼내거나 중간에 옷을 추가해도 흐트러지지 않는다.
	• 연결부의 색상을 다르게 함으로써 카테고리를 만들어 깔끔하게 분류 및 정리할 수 있다.
아이디어 스케치	 시안 1 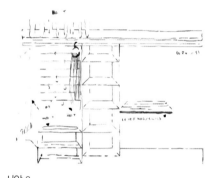 시안 2  시안 3

최종 결과물	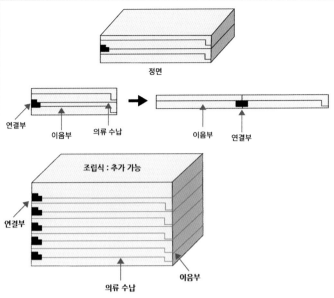 최종 아이디어 도면 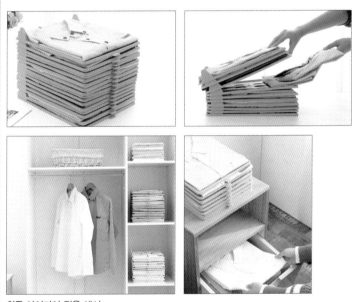 최종 아이디어 적용 예시
기대 효과	• 옷장의 공간 활용도를 높이고 폴더형으로 구획을 나눌 수 있다. • 옷을 분류하여 수납하므로 쉽고 빠르게 찾을 수 있다. • 플라스틱 소재로 가볍게 만들어 여성과 아이도 쉽게 옮기고 정리할 수 있다. • 중간에 있는 옷을 꺼낼 때, 중간에 옷을 추가할 때 옷이 흐트러지지 않고 시간이 단축된다. • 빠르고 손쉬운 옷장 정리 방법을 제시함으로써 미니멀라이프를 추구하는 사람들을 대상으로 시장 진출을 기대할 수 있다.

이 프로젝트에서는 문제점을 찾기 위해 자료 조사를 할 때 옷장의 공간을 확보할 수 있도록 출시된 제품을 알아보았다. 다음은 이 프로젝트의 참고 사례이다.

드레스북^{dressbook}은 옷을 책처럼 정리해주는 도구로, 옷을 세워서 보관할 수 있어 공간의 효율성이 극대화된다. 또한 컬러 리본으로 옷을 분류할 수 있어 인테리어 효과도 있다.

그림 9-2 **드레스북**

자동으로 옷을 개는 폴디메이트^{FoldiMate}는 옷을 정리하는 시간을 절약해준다. 여러 벌을 폴디메이트에 꽂아 넣으면 빠르고 균일하게 옷을 개어 내놓는다.

그림 9-3 **폴디메이트**

창의적 아이디어 표현 프로젝트 II의 5단계: 출품

창의적 아이디어 표현의 결과물이 완성되었다면 공모전용 제안서를 작성해보자. 이러한 제안서는 아이디어의 내용이 명확하게 전달되도록 일목요연하게 정리하는 것이 중요하며, 무기명으로 심사가 진행되므로 학교, 이름 등의 개인 정보가 포함되지 않도록 주의해야 한다. 여기서는 대학창의발명대회의 자유 부문 발명 제안서 양식을 이용하여 작성했다. 참고로 공모전 관련 정보는 한국발명진흥회(www.kipa.org), 씽굿(www.thinkcontest.com), 위비티(www.wevity.com) 등에서 참고하기 바란다.

실습 예제 9-8 | 제안서 작성하여 공모전 출품하기

제안서는 서술형으로 풀어서 긴 문단으로 작성하기보다는 내용을 파악하기 쉽도록 간략하게 정리한다.

제목	제안서 작성하여 공모전 출품하기	
아이디어 명칭	효율적인 옷장 공간 활용을 위한 폴더형 의류 정리 트레이	
관련 분야	기계·금속	□ 기계 □ 금속재료 □ 기타
	화학·생명	□ 화학화공 □ 의약학 □ 생명공학 □ 기타
	전기·전자	□ 전기 □ 전자 □ 정보통신 □ 기타
	생활 소비재 제품군	■ 생활 소비재 제품군
아이디어 내용	**아이디어 개요 및 현재 기술의 문제점** • 옷이 계속 늘어나는데 옷장의 수납공간은 제한되어 있다. • 옷장에 빈틈없이 채워 넣으면 필요한 옷을 꺼낼 때 시간이 오래 걸린다. • 포개진 옷을 꺼낼 때 다른 옷이 흐트러진다. • 계절이 바뀔 때마다 옷 정리를 해도 얼마 지나지 않아 옷이 뒤섞인다. • 원하는 옷을 쉽고 빠르게 찾기 어렵다. • 옷이 서로 맞닿으면 마찰로 인해 보풀이 생길 수 있다.	

	아이디어 도면(정면) 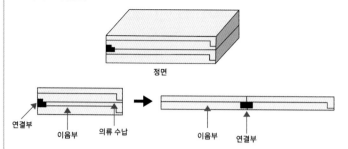 • 옷의 색상을 알아볼 수 있도록 정면의 이음부 사이로 옷이 살짝 보인다. • 연결부를 이용하여 옷을 쌓아 올릴 수 있고 수납장의 높이에 따라 높이를 조절할 수 있다.
아이디어 내용	**아이디어 도면(세부)** 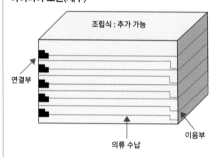 • 옷을 쌓아 올리면 상자 형태가 되므로 정리 정돈 효과가 있다. • 옷을 분류하여 정리할 수 있고 중간에 있는 옷을 꺼내거나 중간에 옷을 추가해도 흐트러지지 않는다. • 연결부의 색상을 다르게 함으로써 카테고리를 만들어 깔끔하게 분류 및 정리할 수 있다.
아이디어 효과	**기술적 효과** • 옷장의 공간 활용도를 높이고 폴더형으로 구획을 나눌 수 있다. • 옷을 분류하여 수납하므로 쉽고 빠르게 찾을 수 있다. • 플라스틱 소재로 가볍게 만들어 여성과 아이도 쉽게 옮기고 정리할 수 있다. • 중간에 있는 옷을 꺼낼 때, 중간에 옷을 추가할 때 옷이 흐트러지지 않고 시간이 단축된다. • 빠르고 손쉬운 옷장 정리 방법을 제시함으로써 미니멀라이프를 추구하는 사람들을 대상으로 시장 진출을 기대할 수 있다. **경제적 효과** • 빠르고 손쉬운 옷장 정리 방법을 제시함으로써 미니멀라이프를 추구하는 사람들을 대상으로 시장 진출을 기대할 수 있다.

- 폴더형이므로 옷뿐만 아니라 액세서리, 잡화 등도 보관할 수 있다.
- 수납공간을 최소화할 수 있어 공간 활용도가 높다.
- 카테고리 분류 기준이 바뀌더라도 쉽게 트레이를 빼서 연결할 수 있어 정리 시간이 단축된다.
- 다양한 크기로 만든다면 활용도가 더 좋을 것이다.

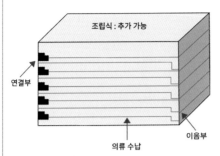

아이디어 도면 최종

아이디어 활용

최종 아이디어 적용 예시

[제안서의 예] 대학창의발명대회 자유 부문 발명 제안서

아이디어 명칭	발명하고자 하는 아이디어의 핵심적인 내용이 포함되고, 간단·명료하게 표현되는 명칭 기재		
관련 분야 * 반드시 1분야만 선택 체크	기계·금속	□ 기계　　□ 금속재료　　□ 기타	
	화학·생명	□ 화학화공　　□ 의약학　　□ 생명공학　　□ 기타	
	전기·전자	□ 전기　　□ 전자　　□ 정보통신　　□ 기타	
	생활 소비재 제품군	□ 생활 소비재 제품군	

아이디어 내용	[아이디어의 개요, 현재 기술의 문제점, 선행 기술의 현황 및 조사 내용, 해결하고자 하는 기술적 과제, 과제의 구체적 설명 등을 자유롭게 작성] ※ 이해도를 돕기 위해 도면, 스케치, 그림, 사진 등 활용 권장

□ 아이디어의 개요

□ 현재 기술의 문제점

□ 선행 기술의 현황 및 조사 내용(필수 작성)
 − 선행 기술 조사: 검색식 작성(선행 기술 조사 사이트명 등 검색식 작성)
　EX) 자전거 AND 체인 OR 바퀴 = 총 1,000 검색
 − 선행 기술 조사 진행 방법: 총 검색 ○○○건 중에 ~ 바퀴와 체인을 연결하는 나사 기술에 해당하는 부분에 대해 분석한 결과에 대한 문제점 파악과 기존 문제점 극복 방법 제시
　EX) 본인 해당 부문에 대한 선행 핵심 기술 내용 분석 제시(건수 제한 없음)

구분	바퀴＋체인 접착 기술	바퀴 재료	자전거 부품	총
건수	59	530	200	1,000

□ 해결하고자 하는 기술적 과제

□ 과제의 구체적 설명

아이디어 효과	[발명 완성 시 기존 기술보다 우수한 효과, 과제의 경제·산업적 효과(시장 창출, 수입 대체, 수출 기대, 비용 절감 등)를 자유롭게 작성] ※ 객관적인 자료의 근거를 밝히고 작성 요망

□ 기술적 효과

□ 경제적(시장) 효과

□ 기타
 − 사회적 효과 등

아이디어 활용	[아이디어의 활용 방안 등을 자유롭게 작성]

□ 아이디어의 구체적 활용 방법 제시(그림 및 도표 가능)
 − 직접 제품 활용 방법 또는 다른 시스템과 연계한 활용 모델 제시 등

※ 학교, 이름 등 개인 정보가 포함되지 않도록 주의 바람(개인 정보 기입 시 실격 처리)

※ 작성 매수는 제한 없음

스스로 해보는
창의적 아이디어 표현 프로젝트 II

스스로 주제를 정하고 앞의 각 단계에서 제시한 [실습 예제]를 참고하여 프로젝트를 진행해보자.

실습 과제 9-1 | 공감을 위한 마인드맵

창의발명대회 출품이 목적인 경우 주변에서 흔히 볼 수 있는 것(생활용품, 가전제품, 화장품 등)의 문제를
발견하면 주제의 방향을 잡기가 수월하다.

제목	공감을 위한 마인드맵				
주제					
이름		학번		일자	

자유 주제
마인드맵

핵심 키워드	

질문을 미리 준비한 후 인터뷰 대상자를 선정하여 인터뷰를 진행하고 답변을 정리한다.

제목	**주제에 대해 인터뷰하기**				
주제					
이름		**학번**		**일자**	

		질문	답변
인터뷰 질문과 답변	1		
	2		
	3		
	4		
	5		
	6		
	7		
	8		
	9		
	10		
인터뷰 핵심 내용			

실습 과제 9-3 　주제에 관한 문제 정의하기

진짜 문제를 찾기 위해 공감 단계에서 수집한 인터뷰 자료를 바탕으로 '어떻게 하면 …을 할 수 있을까?'라는 질문을 활용하여 문제를 분석하고 정의한다.

제목	주제에 관한 문제 정의하기				
주제					
이름		학번		일자	

문제 해석 (진짜 문제 찾기)	
문제 정의	

스캠퍼를 활용하여 아이디어 선택하기

대체하기(S), 결합하기(C), 적용하기(A), 수정하기(M), 용도 변경하기(P), 제거하기(E), 재정리하기(R)를 적용하여 아이디어를 열거하고 최적 아이디어를 선택한다.

제목	스캠퍼를 활용하여 아이디어 선택하기				
주제					
이름		학번		일자	
스캠퍼	질문		아이디어		
대체하기(S)					
결합하기(C)					
적용하기(A)					
수정하기(M)					
용도 변경하기(P)					
제거하기(E)					
재정리하기(R)					
최종 아이디어					

실습 과제 9-5 | 장점, 단점, 흥미로운 점 찾기

스캠퍼로 도출한 아이디어에 PMI 기법을 적용하여 장점, 단점, 흥미로운 점을 찾는다.

제목	장점, 단점, 흥미로운 점 찾기				
주제					
이름		학번		일자	

스캠퍼로 아이디어 선택하기	

	장점	단점	흥미로운 점
장점, 단점, 흥미로운 점 찾기			

실습 과제 9-6 | 최종 아이디어 다듬기

앞에서 도출된 아이디어가 주제에 적합한지 평가하고 정리하여 최종 아이디어를 만든다.

제목	최종 아이디어 다듬기				
주제					
이름		학번		일자	
최종 아이디어 다듬기					

페르소나 작성, 아이디어 스케치 및 결과물 제작하기

페르소나와 문제점, 해결점을 작성하고 아이디어 스케치를 한 후 아이디어 표현 도구를 활용하여 공모전에 출품할 결과물을 완성한다.

제목	페르소나 작성, 아이디어 스케치 및 결과물 제작하기				
이름		학번		일자	
목적					
콘셉트					
사용자 페르소나	이름/성별/연령/거주 지역/전공			사용자 이미지	
	취미			성격	
	행동/버릇			라이프스타일(일상)	

문제점	
해결점	
아이디어 스케치	
최종 결과물	
기대 효과	

그림 출처

CHAPTER 01

그림 1-4   https://mitwpu.edu.in/liberal-art/
https://ko.wikipedia.org/wiki/%EB%A6%AC%EB%B2%84%EB%9F%B4_%EC%95%84%EC%8A%A0_%EC%B9%BC%EB%A6%AC%EC%A7%80#/media/파일:Shimer_College_class_1995_octagonal_table.jpg

그림 1-6   https://www.guruiot.com/

CHAPTER 02

그림 2-1   https://ko.wikipedia.org/wiki/바우하우스
그림 2-6   https://www.instagram.com/p/BXRPvzBBk4L/
그림 2-7   https://designthinking.ideo.com/
그림 2-8   https://dschool.stanford.edu/resources
그림 2-9   https://dschool.stanford.edu

CHAPTER 03

그림 3-5   https://www.youtube.com/watch?v=57BE00HgcEM
그림 3-6   https://corporate.mcdonalds.com/corpmcd/about-us/history.html
그림 3-7   http://about.hyundaicard.com/common/ko/pageView.hc?id=ckabi0201_01
http://mdesign.designhouse.co.kr/article/article_view/101/76660
80쪽 사용자 페르소나 작성법   https://www.freepik.com/free-photo/girl-drawing-her-project_854383.htm

CHAPTER 04

그림 4-3   https://www.airbnb.com
그림 4-12   https://www.mindmeister.com
그림 4-13   https://mapia.thinkwise.co.kr/
그림 4-18   https://stacksocial.com/sales/the-cube-bluetooth-speaker-black
그림 4-19   https://www.micro-scooters.co.uk/micro-luggage-scooter-black.html
그림 4-20   https://cyberzoneonline.com/products/usb-tulip-mini-humidifier
그림 4-22   https://www.team-bhp.com/forum/international-automotive-scene/35942-after-100-years-wiperless-windshield.html
그림 4-23   https://terreform.com/rivergym
그림 4-28   https://www.1001freedownloads.com/free-vector/silhouette-black-white-vacuum-cleaner

CHAPTER 05

169쪽 M-SP 기법 2단계: 수정하기(M)   https://rolluxtravel.com/
https://www.shelfpack.com/
169쪽 M-SP 기법 2단계: 용도 변경하기(P)   https://www.micro-mobility.com/en/products/micro-luggage-eazy-cactus-green

169쪽 M-SP 기법 2단계:제거하기(E)   https://www.kickstarter.com/projects/marlontravel/marlon-connected-compression-carry-on
169쪽 M-SP 기법 2단계: 재정리하기(R)   https://www.wired.com/2011/01/modular-carry-on-case-defeats-greedy-fellow-travelers/
171쪽 M-SP 기법 6단계: 최종 아이디어 다듬기   https://www.shelfpack.com/
그림 5-12   https://www.prakticideas.com/umbrella-practical-idea/picture1-35/
           https://www.aliexpress.com/item/32810988582.html
           https://www.amazon.com/Urban-Zoo-Reversible-Heavy-Duty-Multi-Tasking/dp/B06XZF7TD6/ref=sr_1_27?keyw
           ords=idea+umbrella&qid=1565164454&s=gateway&sr=8-27
그림 5-14   https://www.kickstarter.com/projects/896798832/davek-alert-umbrella-never-lose-your-umbrella-agai

CHAPTER 06

197쪽 통일   https://www.freepik.com/free-vector/travel-background-with-airplanes_780970.htm
197쪽 비례   https://www.freepik.com/free-vector/funny-party-poster-with-vinyl-record_709330.htm
198쪽 균형   https://www.freepik.com/free-vector/soccer-match-with-brazilian-players_714409.htm
198쪽 율동   https://www.freepik.com/free-vector/coloured-summer-party-poster-design_895661.htm
199쪽 강조   https://www.freepik.com/free-vector/business-poster-template_721139.htm
199쪽 대비   https://www.freepik.com/free-vector/sweet-donut-vector_709909.htm
그림 6-9   http://www.tuvie.com/honeycomb-modular-furniture-system-by-nyadadesign/
           https://www.aliexpress.com/item/Dandelion-Led-light-Home-Decor-Modern-Crystal-Ball-Pendant-Light-
           Lamp-Rope-Hanging-lamp-Chrome-Metal/32560513917.html
           https://images.app.goo.gl/gcPJsDTL6k7LAcRZ9
           https://www.thedesignwalker.it/spider-web-chair-nadezhda-moiseeva-plusmood-1/
           https://www.importitall.co.za/NiceTea-Solutions-Snowflake-Silicone-Stainless-Loose-Leaf-Tea-Infusers
           Strainers-ap-B015LAWV28.html
           https://callmemaggie.com/2013/07/16/the-dragonfly-a-giant-winged-vertical-farm-for-new-york-city/
그림 6-11   http://www.jeski.org
그림 6-12   http://www.visualdive.com
그림 6-13   http://www.apple.com
그림 6-14   https://www.3m.com
그림 6-15   https://www.3m.com
그림 6-16   https://alwanprinting.com/product/post-it-custom-printer-flag-pen-highlighter
그림 6-17   https://www.amazon.com/Post-Tabletop-563-Portable-Premium/dp/B001H9TKOK
그림 6-18   http://www.jeski.org
그림 6-19   https://pixabay.com/photos/modern-structure-night-view-night-616312/

CHAPTER 07

217쪽 도표, 그래프 제작   https://www.freepik.com/free-vector/colorful-charts-collection_797865.htm
218쪽 인포그래픽 제작   https://www.freepik.com/free-vector/travel-infographic-with-colored-infographic-elements_876707.
                      htm
그림 7-9   https://www.freepik.com/free-vector/robots-retro-style_721188.htm
그림 7-12   https://www.trendingpackaging.com/the-importance-of-a-good-packaging-design/
           https://www.packagingnews.co.uk/news/events/packaging-innovations-2019/packaging-innovations-2019-
           schur-star-concept-show-demonstrate-streamlined-packing-20-02-2019

※ 이 책의 예시 그림은 저자들의 강의를 수강한 학생들의 작품입니다. 집필에 많은 보탬이 되어준 다음 학생들에게 고마운 마음을 전합니다.
  – 남서울대학교 시각정보디자인학과 입체 디자인 수업: 김영은, 김온비, 김의진, 나지수, 문지현, 서민수, 서소은, 안희진, 유지수, 이예린, 임현태, 양지수, 조지원, 하서영, 허준혁 등
  – 백석문화대학교 시각디자인학과 시각 디자인 리서치, 디지털미디어 디자인 수업: 김예운, 김지혜, 하예림, 황효실 등
  – 극동대학교 시각디자인학과 융합 디자인 수업: 박상현, 배다영, 소인혜, 윤석원 등
  – 인덕대학교 멀티미디어학과 인포그래픽 수업: 3학년 학생들(2015~2018년 수업 중 일부)
  – 안산대학교 의료정보학과 의료 인포그래픽 수업: 1학년 학생들(인포그래픽 그룹 작품 중 일부)
  – 인덕대학교 멀티미디어 디자인학과 유민지, 인덕대학교 멀티미디어학과 사영

※ 인용한 그림은 소장처와 출처를 밝히고 저작권자의 허락을 최대한 얻었으나 저작권자를 확인할 수 없어 허가를 받지 못한 일부 그림이 있습니다. 이러한 그림은 확인되는 대로 통상 기준에 따른 허가 절차를 받겠습니다.

참고 문헌

CHAPTER 01

《동화를 통한 창의성 교육》, 김정섭·강승희·강순희, 서현사, 2004
《새로운 미래가 온다》, 다니엘 핑크(김명철 옮김), 한국경제신문사, 2012
《창의성 교육》, 조연순·성진숙·이혜주, 이화여자대학교 출판부, 2008
《창의성 교육의 이론과 실제》, 전경원, 창지사, 2012
〈4차 산업혁명 시대를 이끄는 핵심 기술 동향〉, 임베디드소프트웨어·시스템산업협회, KESSIA ISSUE REPORT, 2017
〈아동의 디자인 창의성 평가 지표 개발: Rhodes 4P 요소를 중심으로〉, 송영은(태란), 한양대학교 박사학위 논문, 2016
https://ko.wikipedia.org/wiki/%EC%B0%BD%EC%9D%98%EC%84%B1

CHAPTER 02

《디자인에 집중하라: 기획에서 마케팅까지》, 팀 브라운(고성연 옮김), 김영사, 2014
《창의적 아이디어와 아이디어 발상법》, 한광식, 이프레스, 2018
http://dschool.stanford.edu/bootcampbootleg
http://wikid.io.tudelft.nl/WikID/index.php/Design_thinking(재구성)
https://www.slideshare.net/laoudji/dschool-bootcamp-booleg

CHAPTER 03

《디자인 씽킹 바이블》, 로저 마틴(현호영 옮김), 유엑스리뷰, 2018
《미친 듯이 심플: 스티브 잡스, 불멸의 경영 무기》, 켄 시걸(김광수 옮김), 문학동네, 2014

CHAPTER 04

《지그재그, 창의력은 어떻게 단련되는가?》, 키스 소여(유지연 옮김), 청림출판, 2014
《창조적 발상의 기술》, 다카하시 마코토(정영교 옮김), 매일경제신문사, 2009
〈확산적·수렴적 사고 기법 유형을 통한 디자인 문제 해결 향상 연구: 시각디자인 전공 중심으로〉, 이정현, 한양대학교 박사학위 논문, 2019

CHAPTER 05

http://news.donga.com/3/08/20150309/70018258/1

CHAPTER 06

https://ko.wikipedia.org/wiki/%EB%A0%88%EC%9D%B4%EC%95%84%EC%9B%83
https://terms.naver.com/entry.nhn?docId=3327731&cid=40942&categoryId=32828

CHAPTER 07

http://www.cckorea.org/xe/ccl
http://ccl.cckorea.org/about/

CHAPTER 09

http://www.news33.net/news/articleView.html?idxno=13158
https://www.popco.net/zboard/view.php?id=dica_test_review&no=3133
2019년 대학창의발명대회 공고, 특허청 공고 제2019-56호

찾아보기